如何高效阅读

—— 写给所有人的读书精进指南 ——

丁 玥 著

HOW
TO
READ
EFFICIENTLY

华中科技大学出版社
http://press.hust.edu.cn
中国·武汉

图书在版编目(CIP)数据

如何高效阅读：写给所有人的读书精进指南 / 丁玥著. —武汉：华中科技大学出版社，2024.5
ISBN 978-7-5772-0777-3

Ⅰ．①如… Ⅱ．①丁… Ⅲ．①读书方法 Ⅳ．①G792

中国国家版本馆CIP数据核字(2024)第076748号

如何高效阅读：写给所有人的读书精进指南　　　　　　　　　　　　　丁玥　著
Ruhe Gaoxiao Yuedu: Xiegei Suoyou Ren de Dushu Jingjin Zhinan

策划编辑：	饶　静
责任编辑：	孙　念
封面设计：	琥珀视觉
责任校对：	刘　竣
责任监印：	朱　玢

出版发行：华中科技大学出版社（中国·武汉）　　电话：(027)81321913
　　　　　武汉市东湖新技术开发区华工科技园　　邮编：430223

录　排：	孙雅丽
印　刷：	湖北新华印务有限公司
开　本：	880mm×1230mm　1/32
印　张：	7.625
字　数：	178千字
版　次：	2024年5月第1版第1次印刷
定　价：	59.80元

本书若有印装质量问题，请向出版社营销中心调换
全国免费服务热线：400-6679-118　竭诚为您服务
版权所有　侵权必究

序言

阅读改变了我的人生。

从我九岁读完冯梦龙的"三言二拍"后胡乱地写写东西开始,阅读已经伴随了我逾三十年。小时候读的书很杂,我读过列夫·托尔斯泰、鲁迅、冰心、萧红、三毛等著名作家写的经典名著。那时候,我觉得文学太神奇了,那些故事、那些精彩的文字常常叫我痴坐在老家甘河旁的埠头上,或者杨树阴下老房子后门口那块青石板上,或者秋收后堆得山高的枯黄的稻禾垛里,或者母亲烧火的土灶前红晃晃的光亮中,忘记了时间的流逝。

书读得多了,一个好处是说话文雅,我母亲说,那时候的乡下小姑娘拌嘴也常常会学着大人的样,说出一些叫人害臊的粗口,但是我却不那样。还有一个好处是,学校里老师布置的作文,我常常能写出一些惊人的词句。记得有一次,我的小学语文老师还给我批语,说我这么小居然有辩证思维,那时虽似懂非懂的,但是赞赏的意思是感受到了。于是一直美了多日。也是在这样的过程中,不知不觉地,阅读让我建立起一种底层的人生自信。

成年后,我考入师范院校,毕业后当了一名老师。业余爱好仍是读书写作,常常在报纸杂志上发表一些文字。

十年前,我创办了自己的教育实体机构,先后经历了成功和失败。处于事业转折期的我有点迷茫。在低谷期,我想起了昔日同学毕业留言簿上赠我的话:"将来你出书了,一定记得送我一本啊!"

对啊,我喜欢读书写作,为什么不沉下心来,做自己喜爱又擅长的事呢?

在这样的契机下,我开始捡起告别很久的兴趣爱好,拿起搁置了许久的笔,继续读书写作,并合作国内多家出版社,带领阅读写作爱好者为新书写作书评,慢慢地,我也从一个阅读推广人发展成一个读书写作IP变现导师,带领更多人通过读书写作受益。

这确实是我人生的巨大转折。

我又一次通过阅读获得了新的人生自信。

很多人不解我是如何在完全不懂新媒体运营的情况下短时间内积累起数万粉丝的私域社群,并且在短视频霸屏的当下,每天能有众多的人加入我们的社群。

背后原因其实很简单,只有四个字——高效阅读。

我始终相信,阅读是投入最少而收获最多的一件事。持续的阅读,即使对于普通的个体而言,所产生的复利价值都是无法估量的。

经过几年的摸索和沉淀,我在高效阅读之路上已经有了一套成熟的方法论，我们也用这套方法论培养了不少能输出优秀文章的作者。

2022年，我们基于这套方法论开设了面向读者和同行的阅读课程和书评、读书稿写作课程，并且发起读书会，为喜欢阅读写作以及想了解高效阅读的朋友们提供学习机会。

我们的系列课程开设快两年了，已经积累了数千名学员，让我印象深刻的有一位叫心语的学员，她是一位普通的宝妈，自己本身是新媒体小白。只是因为喜欢读书，然后开始陆续输出书评文章，近两年时间，上稿的文章近百余篇（含商单）。有些文章还被有书、知乎等大号刊发，收益最高的一篇书评达1500元。

学员夏花，喜欢写散文，她说她读书写作的时候很容易进入心流状态。不久开始试着投稿，没想到第一次投稿就被国家级报纸《中国电视报》刊登了，从此一发而不可收。她开始拆解名家的散文，每天定时定量在网站上阅读报纸文章，不断地学习提升自己的能力，到现在已经在大大小小的报纸和杂志上发表了近百篇文章。

在我们的读书会里，像心语、夏花这样的学员还有很多。阅读已经开始点亮她们各自的人生，并且也经由她们照亮了更多人。

良好的阅读素养是一个人获得自我提升的基础，具备高效阅读的能力也是全民阅读时代对各行各业从业人员的基本要求。每个人的生活都离不开阅读。

高效阅读的能力对很多人来说都是至关重要的。我希望越来越多优秀的阅读者出现，从而共同引领阅读的风潮，实现让更多人因阅读而受益的梦想。

去年年中有幸收到出版社编辑的出书邀约，我将高效阅读的相关方法论总结成书。

这是一套基于我多年阅读经验总结而成的新媒体时代背景下高效阅读的方法论，从扫除读书障碍、多种高效读书法、读书变现、组织读书会、运营自媒体读书账号、化书成课到个人出书，实操性很强，指导高效阅读、读书变现的落地价值较高。

在选题上，我们紧跟时代，抓住阅读痛点，就如何高效阅读来进行策划，力争给阅读爱好者提供最实用的精进指南；框架上，我们秉承从基础到进阶逐步提升的理念，满足从阅读入门到读书变现的跃迁需求。

本书介绍的阅读方法论可能与你之前了解的不同，我们主张的方法论主要适用于网络之下、新媒体时代的高效阅读，侧重于培养在阅读领域能创造出价值的个体。

对于想从事或者正在从事新媒体工作的人来说，学习高效阅读可以提升专业素养和产出效益；对于普通人来说，学习高效阅读则是自我提升的一种绝佳方式。在我看来，它有三大好处：

第一，高效阅读能提升你的思考能力。

帕斯卡尔有句名言："人是一根会思考的芦苇。"只阅读而不思考，与芦苇无异。通过高效阅读，你不仅仅是在消化文字和信息，更重要的是在培养自己的批判性思维和分析能力。在阅读的过程中，你会学会如何提出问题、进行推理、评估信息的可信度，并形成自己的观点。这种思考的训练不仅对于学业和职业生涯有益，也会在日常生活中帮助你更加理性和明智地面对问题。

第二，高效阅读是这个时代不可或缺的个人素养。

在我们的读书会上,有来自不同企业、从事不同职业的人,他们之所以一直坚持阅读,用他们的话说就是,隔几天不读书,就感觉自己跟不上周围人的步伐。

在信息爆炸的时代,处理信息的能力至关重要。高效阅读不仅仅要读得快,更要读得明智。它包括了快速筛选信息、抓住重点、深入理解和有效应用等方面。拥有高效阅读能力的个人在面对复杂的信息环境时能够更加游刃有余地处理各种信息,从而更好地适应社会的发展和变化。

第三,高效阅读会让你的生命变得更有意义。

闲暇时,你会怎么打发自己的时间呢?

是不是大部分时间都用来玩手机、刷短视频,甚至打游戏了?

与其沉溺在娱乐里,不如把阅读发展为一项个人爱好,这会让你的生命变得更有意义。

通过阅读,你可以汲取各种智慧和经验,丰富自己的思想和精神世界。你将会被启发、被挑战、被感动,从而不断地成长和进步。同时,高效阅读也能帮助你更好地理解自己和他人,更好地把握人生的方向和目标。

查理·芒格先生有一句广为流传的话:"我这一生当中,未曾见过不读书就智慧满满的人。没有。一个都没有。"

阅读能带给人一种精神上的满足。我坚持阅读逾三十年,最深的感触就是,阅读使我的思想更加独立、深刻,思维更开阔。阅读带给我一种高级的人生乐趣。

愿你从捧起这本书的那一刻起,和我一起,和我们一起,和万千阅读写作爱好者一起,用生命影响生命,一起读书写作、一起向上生活。

最后，请允许我对鼓励和帮助我创作出这本书的人致以深深的谢意！

首先感谢我的母亲孙春新同志（英雄遗孤，60年党龄优秀党员），76岁高龄帮我带二宝小老虎，让我能在哺乳期安心写作。

感谢我的先生华仔，承担起家庭"伙夫"（我母亲这样爱称，笑）的角色，让我双手不必忙于做羹汤，这样给了我更多充裕的写作时间。

感谢我的女儿朵朵，在我文思沮塞的困难时期，她用暴瘦60斤的韧性与行动力鼓舞我不畏困难。

感谢我的二宝小老虎，每当我疲累的时候，是他让我重展笑颜，给予我精神上不竭的动力。

感谢我的弟弟丁福昌（河南艺树文化创意有限公司经理、知名策展人），他为我买了简直是为我量身定制的手机，让我的写作特别顺畅高效。

感谢其他家人亲人对我的关怀包容。

感谢我的恩师祁承章同志、孙克明同志对我的关怀、培养。

感谢孝感市作协主席方东明老师、汉川市作协主席张驰鹏老师对我的赏识以及作协其他同志如周斌轩老师等对我的关怀与帮助。

其次，感谢秋叶老师的鼓励，感谢漫画师吴笑容女士的精美插图，感谢小新老师、编辑可白老师、饶静老师等对本书的斧正，感谢华中科技大学出版社的邀约。

最后，感谢我所在的单位、领导、同人对我的鼓励与支持；

感谢我的学员们对我的信任与支持。

是以上这许多人的力量支撑，才让我完成了这本书的写作，一并在此致敬：谢谢你们，我生命中有你们真好！

我也将用行动，以阅读为天命，继续精进！

丁 玥

2024年3月19日于甘河畔

目录
CONTENTS

第1章
扫除读书七大障碍，告别低效阅读

1.1 改变人生的恰恰是那些重要但是不紧急的事　　002
1.2 没空读书？这5招助你一年读完100本　　006
1.3 读书太慢？4个步骤助你快速阅读　　012
1.4 读不懂？1个方法掌握知识变能力的秘密　　017
1.5 读不进？2个小心机让你不用再硬着头皮看书　　019
1.6 读完就忘？尊重规律用1个手段强化记忆　　021
1.7 不会输出？养成4种习惯，实现有效转化和持续输出　　023
1.8 难变现？3个建议助你轻松实现读书变现　　025

第2章
从阅读误区走出来，实践高效阅读

2.1 高效阅读不仅仅是技巧，更是习惯　　031
2.2 图书金字塔，书是读得完的　　034
2.3 "5+2"书评读书法，读得多不等于读得好　　036
2.4 笔记读书法，买书不等于拥有书　　039
2.5 竖式读书法，理解比阅读速度更重要　　041

2.6 心流式阅读，充满能量和高度愉悦的沉浸体验　　043

2.7 分类阅读，将各种知识迭代升级，串联建立知识体系　　045

2.8 书单读书法，做一份最适合自己的书单　　048

2.9 重读提升法，深入理解内化一本书　　051

第3章
让读过的书变成钱，落地价值阅读

3.1 读过的书都会变成财富陪伴你一生　　059

3.2 五步模板写出优质书评，实现深度输入到有效输出　　062

3.3 从普通读者升级成讲书人　　064

3.4 把读过的书或读书经验做成课，打造第二财富通道　　068

3.5 赠书约评，读写互促，新人都可以实现的
最优进阶方式　　070

3.6 七种带货卖书法，成人达己，做顶流阅读推广者　　073

3.7 个人出书，品牌价值加速器　　076

3.8 让读过的每一个字都被点石成金，文案写作变现攻略　　078

第4章
打造吸引力读书会，拓展私域阅读

4.1 读书，但从来不仅仅只是书　　083

4.2 免费社群与付费社群　　086

4.3 社群精准吸粉，与真正的读书爱好者共读　　089

4.4 提供价值，玩出好内容　　091

4.5 产品设计与分层收费，实现社群知识变现　　093

4.6 社群互动，实现360度全方位高黏度　　096

4.7 知识管理，手把手练就知识管理五大步骤　　098

4.8 持续发展，一群人走得更远　　101

4.9 4种学习型读书会：家庭、社区、校园、企业　　106

第5章
做自媒体读书账号，坚持复利阅读

5.1 新媒体时代，用读书这个支点撬起生命之重　　117

5.2 IP定位，运用长板优势，找到离钱最近的路　　119

5.3 账号设置，取个好名字　　122

5.4 矩阵运营，多平台布局打开流量入口　　127

5.5 垂直深耕，4招构建优质内容素材库　　129

5.6 内容为王，从0到1打磨你的超级内容力　　136

5.7 粉丝运营，用户思维轻松链接"1000个铁杆粉丝"　　139

5.8 私域掘金池，持续高转化　　142

第6章
化书成课课程打造，倍增变现阅读

6.1 化书成课，互联网上的掘金利器　　151

6.2 读书内化的3套秘笈　　155

6.3 课程定位，用超级概念打造爆款　　160

6.4 筛选优化，三维思考提升课程内容价值　　163

6.5 课程规划，提升爆款指数　　165

6.6 重构框架，把课程主线凸显出来　　168

6.7 做课流程与工具，标准化创建一门好课　　170

6.8 课程多维运营模式　　173

6.9 课程发售　　188

第7章
从读书人到作家，放大品牌阅读

7.1	从读书人到作家的华美跃迁	201
7.2	确定写作方向，把热爱的事以文字流传	204
7.3	新媒体时代写作者需要持之以恒的3件事情	208
7.4	竞品阅读，找到成就畅销书的秘诀	210
7.5	个人出书的3项准备	214
7.6	10步精细化避坑操作写书流程，为出一本好书保驾护航	217
7.7	写书执行，先完成再完美，效率更高	220
7.8	图书营销，8步提升新书榜排名	225
7.9	品牌运营，借势自媒体实现长期效应	227
7.10	左手阅读右手写作，一个读书人的终身成长	229

第1章
扫除读书七大障碍,告别低效阅读

凡事预则立,不预则废。——《礼记·中庸》

1.1
改变人生的恰恰是那些重要但是不紧急的事

这是一本为喜欢阅读的人,或者说是为想通过阅读精进自己的人,而写的书。

阅读是一种能力,也是一种习惯。

如果你想提高你的阅读能力和效果,你需要克服一些障碍,比如缺乏时间、无法集中注意力、调动不起读书兴趣等;你也需要告别一些低效的阅读方式,比如漫无目的地翻阅、只关注细节而忽略主旨、不做任何思考和总结等。

本书将教你如何用科学的理论和方法来优化阅读过程和结果。无论你是想学习新知识、提升专业技能,还是想享受阅读的乐趣,本书都能给你提供实用的指导和建议,陪伴你完成阅读能力的升级。

作为一名读者,如果你深知阅读给你带来的益处,那么这本书可以成为你的枕边书,不时地翻翻,让你的阅读方法日益精进,对照本书练习输出内容的技巧,你将获得关于阅读的美好体验。你也可以将它送给对你而言重要的人、志同道合的朋友或者最爱的亲人,它将会是一份饱含着爱意、鼓励和教益的礼物。

作为一名阅读推广人,我经常讲,阅读是一件投入最少而回报最多的好事。不夸张地说，阅读对于生命的滋养，不亚于食物。

阅读这么重要，但很多人却忽视了它，即使有时间，也不愿意阅读。

现在，请你做一份测试，看看你对于阅读的态度。它将呈现阅读在你生活中的排序。

好了，测试开始，请回答以下问题：

① 你目前是否在职？如果是，是全职还是兼职？

② 在你的日常生活中，你更注重哪方面的时间利用？（家庭/事业/个人成长）

③ 你平均每天有多少碎片时间？

④ 你通常在碎片时间里做什么？（看书、看电影、听音乐、打游戏、运动、社交、网购、照顾孩子、做家务、其他学习等）

⑤ 你认为在碎片时间里阅读对你的职业发展有帮助吗？

⑥ 你更倾向于利用碎片时间阅读来提升自己，还是去兼职赚钱？

说出你的答案或者写下来。

对照你的答案，来做一个自我分析。

是不是你也有一个显然的发现——阅读被排在你能做的选择的后面的位置。而对于在碎片时间里做什么，这里只是静态地呈现了一小部分，相较于生活本身的复杂性、流动性，太多可以利用起来为自己增值的碎片时间，就这样从指缝间偷偷溜走了。

阅读的重要性不言而喻，但我们却并未将它摆在相应重要的位置。

怎样辨别和安排对于我们来说重要的事？四象限法则是一个可供参考、实用性极强的工具。

用四象限法则将生活与工作中遇到的事情进行等级划分：

重要且又紧急的事——第一象限　迅速完成　（马上考试、赶乘飞机、住院手术、重要会议）

重要但不紧急的事——第二象限　抓紧坚持　（读书学习、陪伴父母、规划未来、锻炼身体）

不重要不紧急的事——第三象限　不管不顾　（煲电话粥、刷短视频、看肥皂剧、与人闲聊）

不重要但紧急的事——第四象限　授权他人　（接听电话、水管破裂、取消旅行、客户投诉）

阅读这件事，它看上去从来都不紧急，所以，这就能解释为什么在排序中它总是被往后排了。

现在回看测试中的第6个问题。即使没有其他安排，对于第6个问题，你是不是更倾向于利用碎片时间兼职赚钱？可惜的是，靠出卖单份时间兼职赚钱获得的是一份收益。而读书，将为你带来的是时间的复利。

怎么过一天，放大了看，就意味着怎么过一生。

如果没有认识到什么是最重要的事，你就会一直延续这种生活方式——疲于应付那些重要且又紧急的事，或者经常被一些紧急但不重要的事所打扰，甚至被那些不重要也不紧急的事消耗掉宝贵的时间。

真正能够改变我们人生的是那些重要但看上去不紧急的事。

这些事情可能包括学习一门新技能、规划人生、建立良好的社会关系等。它们需要花费时间和精力，需要我们长期坚持。这些事情看似不那么紧急，但却是我们未来成功的基础。

所以，恰恰是那些重要但不紧急的事，是我们应该重视并抓紧、坚持的。

就阅读本身而言，也有一件重要但不紧急的事，那就是学习如何高效阅读。

接下来，让我们立马着手做这件事。扫除读书障碍，一起开始这场阅读升级之旅吧！

1.2

没空读书？这5招助你一年读完100本

怎样才能做到一年读100本书？多年以前，当我有想法通过阅读来改变自己、提升自己时，我觉得每年读100本书，是一个无法完成的任务。但当我真正开始把想法付诸实践，我做到了。

之后我发起读书会，引领更多的人开始实践阅读。不论是宝妈、写作者、职场人士，还是学生，都能从原本各自忙碌的生活中抽出时间，完成这个看似难以达成的目标。

我欣喜地发现，只要用上这5招，一年读完100本书几乎是人人都可以做到的事。

1. 挑选合适的书，做一份自己的年度书单

大家有没有思考过，一年无法读完100本书的根本原因究竟是什么？真的是因为没空读书吗？

我在引领阅读的无数个案中发现，并非如此。绝大部分人没有明确想读的书。他们在挑选阅读哪一本书时总是表现得很随意。或者是出于自己生活和工作的需要，想到要读某一本书；或者是偶尔看到别人的分享和推荐，而去读一本书。

也就是说，这样的阅读习惯在很大程度上是受外驱力的影响，而不是自己的主观意愿。

众所周知，如果人的意愿度不强是很难形成阅读习惯的。更重要的是，在这种情况下，所读的书可能与自己的能力和需要不相匹配，导致阅读的效果不好。

一些有着比较丰富阅读经验的人乐于分享他们的书单，而另一些资历尚浅的人有时候会盲目地追随他们的书单，但是这样的书单有可能并不合适。

个人书单一般都具有较强的主观性。一份书单，昭示着与读书人的需求对等的认知、能力与价值观。

挑选出最合适自己的书，才能让阅读这件事顺畅地进行下去。

拟定一份自己的年度书单，把100本真正适合自己的书写进书单里，让这份书单指导自己的阅读之旅，无疑会事半功倍。

关于如何制作书单，以及如何用书单指导阅读，将在本书第2章中详细讲述。如果你现在就想着手制作，那么你可以跳过下面的内容，直接阅读这一部分。

2.制订读书计划，每天坚持阅读

明确了一年读哪些书，接下来就是制订读书计划了。读书计划是把一年读100本书的想法变得可执行的重要一环。

首先，把读100本书的计划分解到每一周。以一年52周计算，即每周需读2本书。

然后，我们来做几道简单的算术题，计算出我们每天的阅读任务。

以我喜欢读的两本书为例：

《如何阅读一本书》，836页。

《论语译注》，238页。

这两本书一共有多少页？

836＋238＝1074页。

每一天需要读多少页？

1074÷7≈154页/天。

也就是说，我的读书任务就是每天读154页。

接着，我们来计划得更细一些，计算出我们以小时计的阅读量。

比如，每一天我们计划用2小时30分钟的时间来阅读，那么我们以小时计的单位时间的阅读量：

154÷2.5＝61.6页/小时。

也就是说，我们应该做到1分钟读1页多。

如果我们需要读篇幅更长一点的书，或者对于我们目前的理解力来说相对有挑战性的书，那么，我们需要增加每天的阅读时间或者提高阅读的效率。

3.利用碎片时间，让碎片阅读常态化

时间对于每一个人都是公平的。我们平等地拥有一天24小时的时间。如果你善于利用，可以有所作为；如果不善于利用，可能一事无成。而两者的区别很大程度上在于是否能充分利用好碎片时间。

充分利用好碎片时间来读书，可不是我们聪明的现代人才能想到的。古人中就有表现突出的。

给大家讲一个有趣的读书故事——汉末文人董遇"三余"读书的故事。

据鱼豢的《魏略·儒宗传·董遇》记载，董遇是一个非常好学的人。他和哥哥经常上山打柴来维持生计，每次上山打柴时他都会带着书，有空闲就拿出书诵读。

有个人想跟着董遇学习，董遇对他说："必当先读百遍"，"读书百遍而义自见"。求教的人说自己苦于没时间读书。董遇告诉他："当以'三余'。"那人问"三余"是什么意思，董遇说："冬者岁之余，夜者日之余，阴雨者时之余也。"意思是冬天是一年的农闲时间，夜晚无法干活也是空闲时间，下雨天不能外出干活也是空闲时间，都可以用来读书。

董遇抓住"三余"时间读书学习，后来在仕途和学术上均有所成就。

"三余"时间就相当于我们可用的碎片时间，利用好这些时间，是读书常态化的关键。利用碎片时间读书的确是一种高效的学习方法，下面是一些可以帮助你在忙碌的生活中让碎片阅读常态化的建议。

随身携带一本书：将一本书或者电子阅读器放在随身携带的包里，无论你是在等车、排队，还是等待朋友，都可以拿出来看一看。

利用听书App：下载一款听书App，它将所需阅读内容转化为语音形式，随时随地都可以听。每天早晚上下班时间可以利用听书App在路上听书。

切分读书任务：将阅读任务分成较小的部分，例如每次只需读完一个章节，利用碎片时间快速完成。

利用晚上的时间：晚上是相对安静的时间，也是人一天中最容易集中精力的时间，晚上留出时间来阅读，能提升阅读效率。

利用互联网资源：许多在线的图书馆和数字资源库提供了大量免费的电子书，可以利用互联网资源进行碎片化阅读，方便快捷。

总之，通过这些方式，有心挤时间、规划好时间，你就可以更好地利用碎片时间读书，让碎片化阅读成为常态。

4.阅读后找到一种适合自己的输出方式

大多数人都有分享的欲望，这是推动人类社会发展的重要因素之一。

把读书的内容进行输出分享，可以让我们与他人建立联系和互动，增强人际关系，同时也能够在交流中获得更多的信息和知识，提高自身的认知和技能水平，让我们更好地适应社会环境，实现个人价值。此外，还可以带给我们成就感和满足感，让我们感受到自己对他人的贡献和影响力，进而提高自尊心和幸福感。

不同的输出方式需要不同的技能和工具，我们可以结合自己的个人喜好和擅长领域，将想要输出的内容以文字、图片或视频等方式输出。比如在豆瓣发表读书笔记、书评，在公众号投递读书稿、拆书稿，甚至是微头条分享抄书，在朋友圈转发书中名言，在小红书分享全书浓缩精华，或是以音频、视频方式讲一本书等。

对他人分享你读过的书，不仅让阅读更具价值，同时能够让你的阅读更加高效。

5.加入读书会，有规律、有同好、有督促

在笔者成立的读书会中，有很多伙伴在完成自己的读书计划后复盘时，都纷纷表示，初加入读书会时，着实为读书效率不高而苦恼。加入读书会有很多好处，学会了高效阅读是令他们非常受益的一件事。

在读书会中，你需要按照规定的时间来完成一定量的阅读任务。比如坚持每周共读一本书、选读一本书。这样有规律地训练下来，就能养成阅读的习惯。

加入读书会，你可以结识到更多同样喜欢阅读的朋友，大家可以交流自己的阅读体验和读书心得，这会激发你的阅读兴趣，让你更热情地投入阅读。

另外，读书会经常会组织小组讨论，你需要在这个过程中发表自己的看法，并与其他人交流。我们还鼓励大家就读书内容写作、投稿输出，这些都能督促大家将高效阅读坚持下去。

1.3
读书太慢？4个步骤助你快速阅读

1. 规划速读任务

在写本书之前，我曾做过一个关于读书和写作的调查问卷。当天收回13份问卷，其中过半数的参与者都提出了读书速度过慢的困扰。

小A："我坚持每周至少看一本书，3年下来，一算才180多本，顿时觉得好少啊。我是不是读得太慢了？怎样才能有效提高阅读速度？"

小B："我平时读书少，今年才开始有大量的阅读需求，但总是受限于自身的阅读速度，另外也是因为有工作，时间比较有限。但我发现周围平时读书多的人'啃'完一本书的速度特别快，有人甚至一周读两三本，因此我比较苦恼。"

小C："用什么样的方法才能快速'榨干'一本书里的知识？我读书很慢，就是需要字斟句酌的那种。我想学着别人把速度加快一点，每天花上一个小时，读几十页书，却一次次发现，读到后面就忘了前面，常常要反复回读，阅读效率太低了。"

速度缓慢，对于阅读效率确实会产生负面影响。这是一个常见的困惑，那么该如何提高阅读速度呢？你可以好好规划读书任务，设定时间节点。在第1章制订读书计划的内容中，详细介绍了如何分解读书任务，可以照此来用。在找到要读的书后，确定读书的时间节点，合理规划每天的阅读任务，然后将自己日常生活中可用的大块时间和碎片时间详细纳入阅读计划，以此来指导实践。

2. 执行速读计划

很多人都希望自己能读很多书，希望自己有超乎常人的阅读能力。但在现实生活中，不少人的阅读计划往往只停留在口头上、想象中，没有付诸实际行动。

再好的计划，如果不执行，都只是纸上谈兵，没有结果。

做好速读计划后，我们应该做的事，不是将计划丢在一边，而是开始最重要的步骤：执行它，读起来！

晚上临睡前是一个非常好的阅读时段，关掉电视，将手机放到卧室外，在睡前一到两个小时，静心、沉浸地阅读纸质书，这样的阅读效率是相当高的，也能让我们更加投入其中。如果能够坚持养成习惯，我们会得到非常好的阅读效果。相比追剧或者玩手机，这样的沉浸式阅读不会影响睡眠质量，相反还有助于睡眠。

另外，我们还可以充分运用碎片时间来执行速读计划。

按照计划实践阅读，只要坚持一段时间，这些动作就会成为习惯，我们就会慢慢发现阅读的威力。

3. 速读80/20法则

80/20法则，也就是我们熟悉的二八法则。这个法则是意大利经济学家维尔弗雷多·帕累托提出的，也称帕累托法则、关键少数法则。经济学界的这条80/20法则同样适用于阅读。

在阅读时,我们应该抓住重点部分,用80%的时间深度阅读那些重要内容,剩下20%的时间则用来浏览其他非重要的部分。这样的阅读方式能够大幅提高阅读效率,并让阅读效果更加突出。

虚构类图书:故事结构、主要事件和主人公的关键经历,80%;次要人物、非主要事件、其他描述,20%。

非虚构类图书:主题、主要论点和论证过程,80%;分论点、相关论据素材,20%。

我们要把握住速读的80/20法则,对于次要的内容,不需要过度深入,这样可以节省时间,将时间投入在对关键部分的深度阅读上。

4.3分钟闭眼放电影回顾法

精读都难免遗忘,速读更会如此。

心理学研究表明,人类大脑对图像形成记忆比文字更容易。

将读完的书中内容,在脑海中形成画面并进行回顾,就像放电影一样,这样可以巩固并加深印象,同时也能检查我们的阅读效果。这个方法简单易行,实践后对于读书复盘非常有效。

这个方法是我偶然发现的,主要源自我中学时代的经历。

在初三时,因为有太多需要掌握的内容——各个科目不同的理论知识与公式,一天下来,脑子里储存的内容凌乱不堪。

有一天晚上8点,在学校下自习回到寝室后,我意识到自己

3分钟闭眼
放电影回顾法

需要复习当天所学的7节课,但时间有限,因为学校宿舍准时晚上9点熄灯。洗漱收拾完,灯已经熄了。我躺在床上,还没有困意,于是决定在脑海中回顾这7节课的内容。

我静静地回忆着每一节课。每节课的重点内容都以画面(画面中包括文字)的形式呈现在脑海中。有些画面非常清晰,我甚至能够知道这些内容在书本的哪一页、哪一行。我感到非常开心和自信。而有些内容不甚清晰、非常模糊,甚至完全想不起来,我也不沮丧,因为它让我清楚了解了自己当天的学习情况。第二天早自习时,我翻开课本,有针对性地复习。这种方法大大提升了我的学习效率。

后来我在进行阅读指导时,将这个方法分享给了喜欢阅读的朋友们,大家都获得了非常好的阅读效果。我将这个方法命名为3分钟闭眼放电影回顾法。

利用3分钟闭眼放电影回顾法，可以根据自己的阅读内容进行复盘。复盘的时间可以依据实际情况调整，重点是能否在回顾时有清晰的印象，对阅读的内容是否有所巩固。

通过以上4个步骤，我相信我们都能提高阅读效率，更快地把握书中的内容。速读的任务很明确，那就是助我们看得快、记得快。通过以上训练，久而久之，你也会成为一名速读高手。

1.4
读不懂？1个方法掌握知识变能力的秘密

每个人都不可避免地存在认知的局限性。读书，就是帮助我们不断升级认知的过程。

当我们拿到一本书，遇到读不懂的地方时，不必沮丧，反而应该高兴，因为这本书传达给我们的知识超越了我们目前的认知范围，能够帮助我们突破自己的能力边界。而真正有意义的阅读就是走出舒适区，不断突破自己的认知边界，探索新的领域。

有些人喜欢待在自己的舒适圈内，却不知道只有不断突破自我、不断走出舒适圈、不断拓展边界，学习才会变得更加有效，才能给予我们获得感与阅读的快感。

当然，我们最终的目标是要读懂一本书。那么怎样才能读懂一本书呢？

其实，每一本书都有其表达的主题和行文结构，把握主题和结构脉络是读懂一本书的关键。

当我们能够厘清一本书的主题，搞清楚它想要解决的问题，抓住它的脉络和重点时，这本书自然就被我们吃透了。而为了更好地理解一本书的结构，一个有效的方法是做读书笔记。比如要求自己在阅读完一本书之后，用一张思维导图来表现这本书的主题和脉络。

思维导图是一种大家都比较熟悉的工具，它以中心图像为核心，可以帮助我们把握书的主题和脉络。在思维导图的每一条分支上，可以呈现书中的重要分论点或故事情节。

在此基础之上，我们还可以进一步探究每个分论点的细节或重要事件，将它们呈现在更细致的三级分支上。当我们能够用一张思维导图将一本书的内容清晰地表现出来时，这张图就会像这本书的透视骨架，清晰地展现它的主干、脉络和重要细节。

透视整本书的结构，通过这样的逐级解构，能够更好地理解书中的内容。如果在某个层级上有模糊不清的地方，我们可以返回书中寻找答案，或借助其他工具书、进行相关主题阅读来解决疑问。

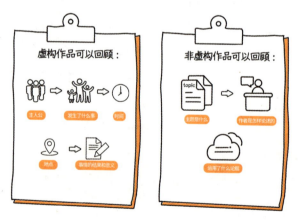

通过思维导图笔记方法，我们能更深入地理解一本书，并不断丰富自己的认知，这也是将知识变为能力的秘密所在。在本书的第2章，我们将分享更多有用的笔记读书法。如果你现在就想先睹为快，可以直接跳过下面的章节阅读这一部分。

1.5
读不进？2个小心机让你不用再硬着头皮看书

每年的开头，我们习惯定下许多目标，其中就包括读书的。但是，不是所有人都能够达成这些目标。有一个很重要的原因，就是每当我们拿起书本，读着读着就读不进去了。然后，我们或者把书丢在一边，或者硬着头皮强迫自己再坚持久一点。但结果往往也并不像自己期待的那么美好。于是，我们就有一个令人失望的发现——依靠意志力强迫自己总是很痛苦，不能长久。

怎么让大脑喜欢读书这件事？那我们得知道大脑喜欢什么。《认知觉醒》中告诉我们，人类有"三重大脑"：本能脑、情绪脑和理智脑。

高级的理智脑是我们人类所特有的。它能够让我们富有远见，能够立足未来选择延迟满足。换句话说就是，如果我们全然由理智脑指挥行动，那么，我们就能因为知道读书对未来的好处，而放弃放下书本的念头，愉快地执行读书的指令。

但是可惜的是，相较于本能脑和情绪脑而言，理智脑对于大脑的控制能力太弱小了。所以，我们生活中做的大部分决策往往源于本能和情绪，而非理智。

是不是有点绝望？

其实也不用。懂得了这一点，我们可以用满足本能脑和情绪脑的方式，去"操控"大脑。

《自控力》一书中提到，当大脑获得奖励的反馈时，会释放一种叫多巴胺的神经递质，这并不会直接带来快感，但是会让人期待得到奖励，于是愿意为了得到奖励付出努力。

"操控大脑"可以用以下两个小心机。

1.给自己定个小目标，就读5分钟

硬着头皮一下子读完一本书自然是有些难的。但是，拿起书时，告诉自己，现在，就只读5分钟。5分钟之后，合上书，想干什么干什么。这样反倒没那么大的心理负担，能够安然地读起来。而实际情况是，往往我们沉静地读5分钟之后，便不知不觉沉醉其中。

2.设置奖励机制

设置的奖励可以是物质的，也可以是精神的。

比如，在规定时间内读完这一章，就可以吃一块巧克力；或者读完一本，就可以给自己买一个小礼物。

物质的奖励有一定的刺激作用，但是很多时候，精神上的奖励比物质上的更有效。比如，每次阅读结束，用心地输出读书笔记，分享到朋友圈，得到别人的点赞和好评。

当获得的精神上的奖励越来越多时，就会形成一个正向的循环，会让我们非常享受读书带来的这种感觉。

1.6
读完就忘？尊重规律用1个手段强化记忆

艾宾浩斯遗忘曲线告诉我们，遗忘是有规律的，但我们可以借助遗忘规律来巩固阅读效果，让读过的书能够长久地保存在记忆之中。

通常情况下，我们读完一本书后，如果立刻合上书本，不久之后我们对书中所讲的内容就会模糊，甚至完全忘记。

为了记住书中的内容，我们可以利用记忆曲线的特性：在短时间内记忆效果较好，时间周期越长，遗忘的内容就越多。

为了巩固阅读效果，可以采取以下方法：

首先，在读完一本新书后，可以立刻进行回顾，运用前面提到的3分钟闭眼放电影回顾法。这样及时的回顾非常有效，我们会觉得记忆非常深刻。

然后，我们可以把时间拉长，隔一天再回顾同样的内容。这时可能会发现我们依然能够记得很多细节。

接着，把时间拉长到1周，再次回顾，我们发现这些内容已经像刻在大脑中一样，难以忘却。

根据艾宾浩斯遗忘曲线，我在实践中进行过很多次的自我验证和指导学员进行验证，发现一个很有效的时间规律，即"121"。

这里的"121"指的是读完一本书后的回顾时间节点。第一个"1"表示当天我们可以进行回顾,"2"表示第二天再进行回顾,第二个"1"表示1周之后再进行回顾。这样的时间节点方便记忆,方法操作起来简单,没有太大的实践压力,大家可以在阅读实践中自我尝试和验证。

在读书会里,我们往往以1周为周期共读一本书,并采用"121"回顾法,效果非常神奇,记住一本书不再是让人痛苦的事情。通过这样的方法,我们轻松地记住了书中的内容,并且可以在需要时进行深度复盘。

1.7
不会输出？养成4种习惯，实现有效转化和持续输出

读书变现实际上是一个伪命题。读书本身不能直接变现，通过将读过的内容表达出来，即写作输出，才能实现变现的目的。然而，持续且有效地输出并不容易，以下4种习惯可以帮助你实现这一目标。

第一，读书不仅要读，还要入脑入心，将书中内容提炼为自己的认知，充实自己的知识体系。

喜欢读书的人很多，但真正能够通过读书变现的人较少，因为他们习惯在自己的舒适圈"读"，不愿意"想"，也不愿意动脑。将内容内化为自己的观点，并能表达出来，这是有效输出的第一步。

第二，找到自己感兴趣的书并坚持阅读。

有些人不能长期坚持输出的原因是他们没有找到真正感兴趣的书，只是盲目地按照某些名人或"大V"推荐的书单去读。而这样往往会导致他们读不下去，更别提吸收书里的内容了。每个人的认知结构不同，所以应该根据自己的兴趣选择书，保持阅读兴趣才能持续输出。

第三，养成读书做笔记的习惯。

读完一本书后，如何将书中的精华提炼出来，将稀缺的价值表达出来，需要一定的总结归纳技巧。使用思维导图等笔记工具来整理书的主题、分论点、细节等内容，有助于有效输出。

第四，大量阅读经典图书。

不能持续输出，通常是由于缺乏知识总结归纳的方法和读书量不足所致。通过大量阅读经典图书，不仅能掌握更多知识，也能拥有更深刻、更新颖的观点，提高输出内容的价值感和稀缺性，从而为他人提供更多价值。

在实践中，我们可以从不同角度对读过的书进行总结归纳，例如同样读一本小说，我们可以从主题、人物、情节、细节等角度出发。

通过养成以上这些习惯，我们将更加轻松地实现持续有效的输出，为自己和他人带来更多的价值。

1.8 难变现？3个建议助你轻松实现读书变现

对于读书变现的问题，我们首先要明确一点：阅读不仅仅是一种消遣，你可以把它看成是一种投资行为，有着深层次的、逐步的自我提升的作用。读书不仅可以给我们带来知识和乐趣，还可以为我们的职业发展和个人生活带来实质性的益处。为了实现读书变现，我有3个建议。

第一个建议是摆正心态。

读书变现是一个长期行为，而不是一夜暴富的手段。在我接触的读书人群中，有一部分人受互联网相关信息的影响，对读书变现抱有不切实际的期待。他们迫切希望通过购买相关课程轻松实现读书变现，但许多快餐式课程只提供一些表面的读书与写作技巧，而缺乏从底层逻辑出发的持续、有效的输入和正确的知识总结与归纳运用的方法。这使得他们无法进行持续而有深度的输入输出，从而难以实现读书变现。

基于此，我创办的读书会主要为学员们阅读经典图书提供指导和教学写作方法，希望帮助那些热爱读书、有写作梦想的人，帮助他们通过持续有效的输入和实践，提升自身的知识储备和内容输出能力，从根本上实现变现的目的，实现自我价值。

第二个建议是立即行动。

哲学家朱光潜先生的"三此主义"——"此身""此时""此地",给我深刻的启发。对于设定了目标,认为应该做而且能够做的事,我们不能只停留在想象和计划阶段,而必须要付诸实际行动,不推诿、不拖延、不幻想。

立即行动,我们需要设定阅读目标,根据自己的兴趣和专业背景选定阅读的领域,然后制订阅读计划,购买和阅读相关的书,而不是盲目地、随意地读书。

接着,我们需要投入时间和精力去深入研读,去理解和消化书中的知识。在阅读中,我们还应该注意培养创新思维和批判思维,这样才能从书中挖掘出真正有价值的内容。

立即行动,我们需要利用从书中获取的知识和信息创作内容,我们需要持续学习新媒体的写作技巧和表现手段,创作和分享内容,例如写文章、录制视频等,这些内容都可以帮助我们建立个人品牌,提高我们的影响力。

其中一种实用的方法就是阅读某一垂直领域的经典图书并持续写作书评。很多加入我们读书会的朋友就是在这样的一个持续的过程中提升了自己的写作能力。

立即行动,我们需要在输出内容之后,不断地打磨生产出优质内容,不断提升内容的质量和吸引力。只有这样,我们才能在竞争激烈的内容市场中脱颖而出,才能吸引更多的读者和关注者。

第三个建议是找到变现的渠道。

当我们拥有了一定的知识储备和一定的输出能力,能创作优质的内容时,要找到适合的变现渠道。这些渠道可以是个人博客、社交媒体、内容分享平台、在线教育平台等。在这些平台上，我们可以多形式地分享我们的内容，吸引读者和关注者，建立我们的粉丝群体；然后，通过广告收入、内容销售等方式实现读书变现。

但是，我们需要明白，变现渠道应根据我们的内容类型、目标受众以及自身的技能和资源来选定。选择合适的变现渠道可以帮助我们更有效地推广我们的内容。

当我们做到了以上这些，我们的内容能够给别人带来价值时，变现就是水到渠成的事情了。

更多读书变现的方法，我们将在后续的章节中进行更加详细的讨论和指导。

第2章
从阅读误区走出来,实践高效阅读

起初是我们造就习惯,后来是习惯造就我们。——王尔德

2.1 高效阅读不仅仅是技巧，更是习惯

高效阅读不仅仅是一种技巧，更是一种需要培养的习惯。很多人忽视了对阅读习惯的培养，对于阅读技巧的学习和运用也缺乏恒心。

现在我们来进行一项针对阅读习惯的测试：

① 你每天有固定的阅读时间吗？如果有，通常是何时？

② 你是否有固定的阅读地点？比如，你会在图书馆、书店、咖啡厅，还是在家里进行阅读？

③ 你是否在阅读时尝试过不同的阅读技巧（例如，精读、略读等）？

④ 你在阅读过程中有记笔记的习惯吗？如果有，是在读完整篇后再记录，还是在阅读过程中就记下一些想法？你通常是在书页边缘、便笺上，还是在专门的笔记本上做笔记？

⑤ 你是否有重读自己喜欢或认为重要的书的习惯？

⑥ 你是否有跟别人分享或者讨论你阅读的内容的习惯？

把你的答案说出来或写下来，并对照你的答案做自我分析。

从你的回答中，可能会显现出一些你过去未曾注意到的阅读习惯。这些习惯可能对提高你的阅读效率和理解书的内容有着重大影响。

阅读习惯并非一朝一夕养成的，需要的是长时间的坚持和适时的调整。如果我们能更好地理解自己的阅读习惯，就能更好地调整，提高阅读的效率和质量。

只有通过坚持和调整，我们才能真正实现高效阅读。

美国心理学家安德斯·艾利克森提出了刻意练习法则，这个法则主张，要想在某个领域达到专业水平，不仅需要大量的练习，更需要刻意地、有目的性地进行练习。

阅读习惯的培养也可以从刻意练习的角度来考虑。

具体来说，我们可以这样操作：

① 明确阅读的目标。你想通过阅读获取什么？是提升专业知识，还是拓宽视野，或是提升语言能力？

② 制订合理的计划。依据你的阅读目标，挑选合适的阅读材料，并设定每天的阅读时间。

③ 实践并反馈。坚持每天的阅读计划，并在阅读后反思，内容理解到了什么程度？有什么地方可以改进？

④ 根据反馈调整。依据反馈信息，及时调整你的阅读计划或阅读策略，以便更好地达到阅读目标。

投资培养阅读习惯，就是投资未来。虽然在短期内看不到明显的回报，但在长期，却能带来巨大的回报。这种回报可能是知识的积累，也可能是思维的提升，或者是视野的拓宽。

　　记住，无论是哪种习惯，其实质都是一种长期的行为模式。通过刻意练习的方式，我们可以更好地培养阅读习惯，从而提升阅读效率，实现高效阅读。

2.2 图书金字塔，书是读得完的

我要分享一个关于读书的故事。

中国历史学家陈寅恪曾讲过一个故事，说他年轻时，听到历史学家夏曾佑说已经把中国的书读完了。陈寅恪起初对此感到惊讶不已，认为夏曾佑老糊涂了，但随着年龄的增长，他逐渐理解了夏曾佑的观点。

书被视为全人类智慧的结晶，如金字塔般矗立在历史文明中。

在漫长的历史中，那些闪耀着智慧光芒的书只占了金字塔一小部分。

阅读的数量并不能代表阅读的质量。有人过分关注阅读的数量，却忽视了阅读的质量，他们虽然广泛阅读，却往往并未深入理解。

哲学家托马斯·霍布斯曾说，如果他像普通人一样读那么多书，那么他就会变得像他们一样愚蠢。因此，如果我们不想成为"普通人"，就需要学会深入阅读那些金字塔尖的书。

尽管作为一个读书人我们应该涉猎广泛，但是个人在选定自己的专业领域后，阅读和研究的范围都可以调整得相对聚焦一些。按照这样的一个金字塔原理筛选，在自己选定的领域中，我们需要深读的书就会更少。

林语堂曾经说过，世上并没有人人必读的书，只有在某时某地某种心境下，我们不得不阅读的书。因此，与其广泛而浅尝辄止地阅读各种书，不如精选好书，认真研读，以提高自己的素质。

在与学员的接触中，我曾多次看到，很多人在读书写作的初期，往往具有类似的困惑，他们的写作没有明确的方向，他们的知识输入都是宽泛的、杂乱的、不精准的，这影响了他们的成长速度和在某一专业领域内的研究深度。

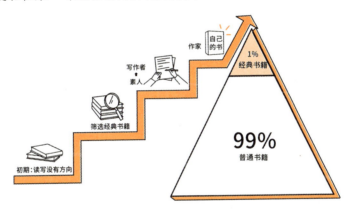

以我创办的读书会为例，我们的目标是通过筛选经典图书，带领读者从"素人"变为写作者，甚至变为作家。我们筛选的书都是有助于提升写作者的文化素养、鉴赏水准、基础理论以及写作技巧的。如果你也想成为一个作家，你也可以按照这样的筛选思路选择图书。

在阅读的过程中，需要有取向、有选择。我们按照图书金字塔原理选择图书，才能把一个领域内的真正经典、优秀的作品读懂、读通、读透。

2.3
"5+2"书评读书法，读得多不等于读得好

"5+2"书评读书法是我在阅读实践过程中探索出来的，并让我实现了深度阅读，不断写作出优秀的书稿。对于我自己来说，发现它，简直是一个里程碑式的创举。

我发现它非常适用于在职人员或是想要深度阅读的人。

"5+2"书评读书法的核心理念是在一周的时间内，用5天的时间进行输入（阅读），2天的时间进行输出（写作）。

为什么做这样的时间安排呢？因为我是利用业余时间进行读书会运营的。而像我一样，有自己的职业，想通过业余时间读书提升自己的人确实很多。他们和我一样，有着相似的生活节奏。我们需要有一种方法，帮助我们在一周的时间里，在不影响我们既定的工作安排和生活节奏的前提下，专注于阅读和理解一本书。

在周一至周五，我们专注于阅读，但阅读的过程中并不只是阅读，也包含了一些输出的必要动作，例如做读书笔记。然后在周六和周日，我们可以利用大块的时间在阅读的基础上进行输出，例如写书评。

下面我将详细介绍一周7天的安排。

第1天是初读日，我们通过快速阅读来了解一本书的基本信息，并为书评写作做准备；

第2天是精读日，基于快速阅读，我们再精读书中的重点部分，为书评写作做进一步的准备；

第3天是主题日，我们在阅读并理解书的内容后，结合想要输出的书评主题去收集相关的热点话题，确定想要表达的主题，拟好行文的标题；

第4天是大纲日，通过思维导图工具，将我们要输出的文章的大纲呈现出来；

第5天是素材日，对想要输出的文章的大纲进行素材收集梳理，同时拆解一些优秀的文章作为我们的参考；

第6天是初稿日，进入输出阶段，我们需要根据前面的准备工作完成文章的初稿，这一天我们更注重的是完成任务，而非追求完美；

第7天是完成日，我们对初稿进行修改，并向读书平台投稿，实现从阅读到输出。

利用这个亲身验证有效并被学员反复实践运用的"5＋2"书评读书法，我们推出了一个7天上稿实战训练营，引导大家深度参与书评写作。很多参与过训练营的小伙伴反馈，这种方法极大地提升了他们的阅读和写作效率，使他们的书评质量大幅度提高。

对于上班族或者学生而言，"5＋2"书评读书法是一种非常实用的方法。

高效阅读的目的不在于盲目追求数量,例如一年阅读100本或200本书,而应当注重质量和深度。俗话说,不动笔墨不读书。如果我们能够在阅读的同时,写出满意的书评,而不是浅尝辄止,那无疑会让我们的阅读更有价值。希望大家能尝试运用这种实践的方法,让读书更加高效。

2.4
笔记读书法，买书不等于拥有书

在我逾三十年的读书生涯中，我发现自己有一个习惯，就是特别喜欢买书。每年我会在购书上花费三四千元钱，每年会购入100多本书。我也在电子阅读器上购买和阅读新书，其中有些书我会深度阅读并输出自己的书评文字，有些书则只是为了满足我的阅读欲望或者合作需求，然而更多的书只是静静地躺在书架上，甚至有的书至今未拆封。

有时，我们会自欺欺人地认为，买了书并收藏了它，就等于拥有了书中的知识。但实际上，如果没有深度阅读并理解书中的知识，这本书仍然只是一本与我们无关的书，我们并没有因为购买或者收藏它而变得更有智慧。要真正拥有一本书，就要在深度阅读的基础上做好笔记。

那么什么是笔记读书法呢？其实，我在引导大家阅读的过程中，给大家介绍了一种总结性的笔记方法，那就是笔记阅读八字诀——圈点勾画旁白批注（图示详见第6章）。

你可以在书上标出重要的地方或特别有感触的地方，用你自己习惯的符号将重要的内容凸显出来。当你再次翻阅这本书时，这些记号可以帮助你快速唤醒记忆，找到重要的信息。旁白批注则是在书页的空白处记录下你读书时的问题、答案或者一些想法。

随着阅读的深入，我们可以采用不同的笔记方法。

在基础阅读阶段，我们需要解决最基本的语义理解问题，可以跟随读书的进程在对应的地方做释义笔记。

在检视阅读阶段，我们可以在书的目录处，就已掌握的书的主要内容和结构做结构笔记。

在分析阅读的时候，我们需要提出问题，与作者对话，掌握作者的思想精华，将作者的观点结合自己的理解形成概念；一本书读完的时候，在书尾或者重新回到书的开头的地方，做概念笔记。

在阅读多本相同主题的书后，可以整合各本书的笔记，将独立思考的内容呈现出来，做成更高层次独立文档形式的辩证笔记。

现代学者、著名作家钱锺书先生就是笔记读书法的优秀实践者。他喜欢读书但不怎么藏书，他把读过的书变成笔记，通过做笔记，实现了真正有效的输入，将知识内化于心，写出了诸如《管锥编》《谈艺录》等许多公认的现代学术经典之作，在国内外学术界都享有很高的声誉，被誉为"博学鸿儒""文化昆仑"。

笔记读书法，即在读书时多运用"圈点勾画旁白批注"八字诀，根据不同的读书层次采取不同的笔记方式，从而真正拥有一本书。

2.5 竖式读书法，理解比阅读速度更重要

在日常阅读过程中，有一种常见的阅读模式，那就是我们的眼睛习惯于按照图书排版的横向逐字逐句地从左至右移动阅读。这种方式与我们的写作和阅读习惯相符，我们可能沉浸在字句之间，或许正因为这种阅读方式，那些精心雕琢的文字才能被我们逐一品味，然而，它并不是最有效的阅读方法。由于眼睛需要频繁地在各行文字之间进行跳跃和定位，因此这种方式会使阅读速度相对较慢。

现在，想象一下你正在图书馆的角落里，面对一堆需要在今晚读完的参考书。时间有限，任务艰巨。这时候，你可以尝试一种全新的阅读方式——竖式读书法。竖式读书法要求我们有意识地锻炼我们的眼睛，让它们以纵向的方式阅读，而不是我们习惯的横向阅读。这种纵向阅读可以大大扩大我们的视线范围，眼睛如同在纸面上飞速滑动的雪橇，字句如同飞速掠过的风景，随着视线范围的扩大，眼睛能够在更短的时间内看到更多的文字，大脑将得到更多的信息输入。

竖式读书法的关键在于打破我们的眼睛横向浏览的习惯，建立一种更为广阔的阅读视野。这种方法在某种程度上类似于跳读，

但与跳读有一点很重要的不同，那就是它不会忽略任何重要的信息。竖式读书法类似一目十行，能让我们在有限的时间内捕获更多的信息。

这种方法在进行检视阅读时特别有用。例如，当你在准备期末考试时，面对厚厚一叠教科书和讲义，使用竖式读书法可以帮助你更快地理解和把握书本和讲义中的主要内容，从而在有限的时间内掌握更多的信息。

2.6 心流式阅读,充满能量和高度愉悦的沉浸体验

心流式阅读,听起来就充满魔力吧?它是一种充满能量、高度愉悦的沉浸体验。

如果你在阅读时找到了心流,说明你找到了那本触动你内心的书。你的专注程度如此之高,以至于忘记了时间,只想一气呵成读完全书。

要在阅读中持续产生心流,我们需要关注四个核心要素:

第一,阅读内容的难易度要适中。过于简单的内容不能引发我们的专注力,而过于复杂的内容可能会导致我们无法理解,产生焦虑心情,阻碍我们体验心流。我们需要挑选适合自己的阅读内容,确保这些内容具有一定的挑战性,能给予我们正向的激励,利于我们阅读后及时反馈。

第二,确保充足的睡眠。我们需要充足的精力来专注于阅读和理解内容,因此,保证充足的睡眠是极其重要的。早晨或午休后的阅读效率通常更高,因为休息过后的大脑更有精力理解复杂的内容。在这样的时刻阅读,更易于体验到美好的心流感受。

第三,舒适的阅读环境。这可以帮助我们减少干扰,更好地

专注于阅读。图书馆、书房通常能提供这样的环境，让我们在安静、明亮的环境中阅读，从而更容易产生心流。

第四，保持稳定的情绪。我们需要能够自由控制自己的阅读行为，而这要求我们的情绪稳定。如果情绪波动过大，阅读可能会受到影响。

小孩子在拥有自我意识之前，做任何事都是发乎自然、全心全意的，童年时心流自然涌现是因为拥有一颗清净的心。

随着人慢慢长大，纷纭杂沓的价值观、信念、选择及行为模式，让璀璨的童心逐渐蒙尘。成年的我们每天获取海量的信息，在信息处理的舍与得之间，焦虑增长，内在冲突使注意力分散，欲望以及不协调的目标太多，这一切竞相争夺我们的精神能量，逐渐增加的精神熵让快乐就在眼皮下跑掉。

一个人如果能随心所欲地进入心流状态，不受外界条件限制，就已掌握了提升生活品质的钥匙。

优秀的人比一般人拥有更多的心流，这是因为他们的注意力更容易集中，有明确的目标和即时的反馈，并能全神贯注于此。借助文字可以进入不同复杂层次的心流。在平常的阅读过程中，可以关注以上产生心流的四个核心要素，以确保我们的阅读过程中有更多的心流状态产生，从而让阅读体验更好，进而喜欢上阅读这件事。

通过完全投入阅读，忘记琐事，达到忘我状态，获取心灵的愉悦，是一件幸福的事。现在，就来开启你的心流式阅读之旅吧！

2.7 分类阅读，将各种知识迭代升级，串联建立知识体系

读书要分类，收获才翻倍。

在这个信息泛滥的时代，图书和文章的数量多得仿佛天上的繁星。从科幻小说到医学教科书，从古代哲学到现代管理，每一个领域都有无数的书等待我们探索。那么，如何更高效地探索这片广阔的知识海洋呢？答案就是分类阅读。

分类阅读，可以将各种知识进行归类积累，将各种知识迭代升级，串联建立知识体系。

首先，我们需要理解图书的分类。我们可以将图书分为两大类：虚构类和非虚构类。虚构类主要包括小说、戏剧、诗歌等；而非虚构类则可进一步分为实用性和理论性作品。掌握了这一分类原则，就能更有针对性地选择阅读方法。

在读书前先用检视阅读法浏览一遍。读读书名、副标题、目录，有些书的书名直达文义，有些书的书名意味深远，光凭书名不一定能直接看出书的类型。然后看看序言、摘要及目录。从框架，作者依赖的经验方式、思考方式、论证方式、关键用语等来判断，如果这本书有书衣（护封、腰封等），要看看出版者的宣传文案。这样就能做到在读书之前就知道自己在读的是哪一类的书。

虚构类作品阅读关键词：欣赏、感悟和沉浸。

阅读虚构类作品，我们应学会欣赏语言的特色，理解主题的多样，调动起丰富的感知和体验能力，尽量沉浸于作者创造的世界。

实用性非虚构类作品阅读关键词：学习、实践和掌握。

从烹饪教程到法律手册，这类实用性图书的目的是教会你怎么做。理解和实践是关键。

理论性非虚构类作品阅读关键词：探究、批判和拓宽视野。

理论性非虚构类作品多涉及历史、科学、哲学等，我们应以宽阔的视野、批判的思考，深入挖掘背后的理念。

为图书分类的重要性在于明白自己读的是什么书，这本书可以告诉自己什么知识，能给自己带来多大的收获。

每种书的阅读方式不尽相同，只有先弄清了书的类别，才能更好地吸收书中精华。

除了常规分类，个性化的分类（按照你的职业、兴趣、阅读目标来分类）可能更贴近你的实际需求。例如，作为阅读写作教练，你可能需要以下几种图书：

专业图书——深入研究阅读和写作的理论和技巧；

技能提升图书——提高个人技能，如心理学、管理学、营销学图书等。

完成分类后，我们需要将阅读的过程转化为知识的迭代升级过程。

设定阅读目标：你希望从阅读中获取什么？希望解决什么问题？或者你希望对哪个领域有更深的了解？

阅读后反思：读完一本书后，花些时间去反思，你学到了什么？这些知识如何影响了你的观点和行为？

接着，要将阅读的结果串联起来，构建自己的知识体系。可以通过以下几个步骤实现：

① 制作思维导图。对于每本阅读完的书，你可以制作一张思维导图或者视觉笔记，将书中的主要观点和你的想法都表达出来。

② 建立知识联系。试着将新的知识点与你已有的知识体系连接起来，寻找它们之间的相似性和关联性，理解它们如何一起构成一个更大的知识体系。

分类阅读像一张精准的航海图，引导我们在广阔、深邃的知识海洋中找到方向。读书时，建立分类阅读的思维并据此指导阅读行为，将有助于更高效地阅读和实现知识迭代升级。

2.8
书单读书法，做一份最适合自己的书单

不知道你在生活中是否也遇到过这样的情况：有的人自诩读了很多书，却说不出书的精彩之处；还有的人却能够深入阐述自己读过的书，不仅对书的理论有深刻理解，而且能够将书中的理论扩展应用到工作、学习和生活的方方面面。

这是初级阅读者和阅读高手之间显而易见的差别。

初级阅读者盲目地选书，高手都是按照自己的书单去读书。

一份好的书单，能够帮助我们明确读书的目的，找到真正需要读的书，节约时间。不浪费不必要的精力，是实现高效阅读的一大保障。

既然好的书单那么重要，那要怎样才能制作一个好的书单呢？

首先，我们需要明确阅读的三个目的。

出于个人兴趣的阅读：只需要找到自己热爱的主题，无论是小说类、商业类、科技类，还是人文类，都可以轻松找到乐趣所在。

帮助职业成长的阅读：需要选择那些有助于职业技能提升的专业书，以期在职场中"升级打怪"。

想获得生活启迪的阅读：挑选那些能给你带来人生启示和智

慧洞见的书，为日常生活增添智慧的调味品。

其次，寻找优质的书单来源。

可以参考以下六个选择原则。

源自推荐：收集朋友、同事、名人以及可信度较高的媒体的推荐。

评分过滤：通过豆瓣、亚马逊等渠道查看图书评分，只选择7.5分以上的作品。

主题一致：挑选符合自己阅读目的的主题图书。

作者考察：了解作者的背景与观点，确保书的品质。

出版社验证：选择信誉良好的出版社的书，避免书的版本质量问题。

试读体验：尝试在线试读，或在实体书店翻阅，确认自己确实感兴趣。

再次，制作并完善书单。

制作书单清单：使用纸质笔记本、互联网笔记本或者Excel表格等工具，分类整理想读、正在读、已读的书。

增添标记：在豆瓣、微信读书等平台标记想读的书或者把书加入书架，确保图书信息包括书名、作者、出版社等准确无误。

定期回顾：定时检查和更新书单，确保与自己的阅读目的和兴趣保持一致。

阅读就像人生的旅行，没有明确的方向可能会迷路。有了精心策划的书单，按照这份最适合自己的书单去读书，你将能有效地规划阅读路线，确保每一次阅读之旅都丰富而有意义。

弗朗西斯·培根曾说，有些信息值得深入，有些则无须浏览。正因如此，让我们开始梳理自己的书单，将每一刻阅读时间都转化为有价值的体验，让个人的成长、生活、工作得到全方位的丰富和提升。从今天开始，行动起来，打造你的书单，享受专属于自己的阅读之旅吧！

在公众号"丁玥读书"回复"年度书单"，获取年度书单制作过程详解以及一份完整的年度书单。

2.9
重读提升法,深入理解内化一本书

在一些书评平台和社交媒体上,我经常看到一些关于反复阅读某本书的分享。不少人说,他们阅读了同一本书两遍以上,每次阅读都有新的收获。

每次看到这样的分享,我都会深感敬佩。他们有能力也有耐心重读一本书,这确实让人羡慕。我觉得,常读常新的体验一定十分吸引人,才会使得他们反复阅读同一本书。

然而,你是否注意到,你真正愿意重读的书其实并不多。一方面原因可能在于,我们并没有形成重复阅读的习惯。我们总说,经典值得多读,但有多少经典作品我们连一遍都未曾真正读过,更别提重复阅读了。另一方面,我们也未能意识到重复阅读的好处。我们潜意识里会认为重复阅读是在浪费时间,认为与其再次阅读曾经翻过的书,不如去探索那些从未阅读过的书。

但在最近几年组织运营读书会的过程中,我越来越深刻地认识到,阅读不仅需要关注数量,更需要关注质量。阅读不是为了读多少本书,或者为了向别人炫耀"我读过这本书",而是为了深入理解一本书,并将其内化为自己的知识和见解。换句话说,阅读不是最终目标,思考才是我们应该追求的。

一本好书，如果你阅读了两遍以上，就更容易记住其中的核心思想，你也会更乐于将这些内容内化为生活的行动指南。

不论第一次阅读时你查了多少资料，理解的层次都是有限的。重读的意义就体现在：

不明白的地方渐渐明白；

未曾注意的角落逐渐清晰；

浅显的理解逐渐深化；

未曾感受的情感逐渐觉察；

认知的错误逐渐纠正；

新知识逐渐补充增添；

对自身的有限之处逐渐产生见解；

零碎的知识逐渐整合。

在人生的不同阶段，我们对同一本书的解读不同。重读时，书不仅仅是书，还充满了过往的回忆，读书就像读自己、读人生。与泛泛地读十本书相比，反复读一本书给你带来的领悟是截然不同的；同样，一个月反复读一本书和读三十本新书，你的知识积淀也会天差地别。

再次阅读时，我建议你将自己视为一个作者，站在作者的角度去阅读。这样的阅读不只是被动地吸收，还需要主动地批判。问问自己，你从别人的书中发现了什么优点？你又如何将这些优点应用到自己的写作中？书中有什么缺点？你应该如何避免这些缺点？

像作者一样阅读，学会独立阅读，保持独立和批判的精神，与作者进行更深层次的对话，去深度理解和吸收图书的创作精髓，形成自己独特的风格。

当然，重读一本书并不是一件容易的事情，下面分享三个易于实践的方法。

① 整本重读法。

这一方法正如其名，是将已经读过的书从头至尾重新阅读。虽然它可能不是每个人的首选，但对于理解书中那些复杂、深刻的部分，这一法则堪称"良法"。如果你觉得某些书只看了一遍，难以理解或印象模糊，这一方法可能特别适合你。一些古代学者为了钻研历史，会不厌其烦地阅读《史记》《汉书》《资治通鉴》，并且从头到尾、一字不漏地抄写下来。这样做当然有它的好处，第一是打牢基础；第二是全面细致，不会漏掉内容。正如清末梁启超所言："真心做学问的人总离不了这条路。"

当然，也有人反对这一方法，认为它耗时过多，可能会失去重点。如果你对整体内容有了基本的理解，可以尝试下一种方法，即重点重读法。

② 重点重读法。

任何书或文章，都有它的主要内容和重点部分。通过重读这些关键内容，我们可以更好地抓住书的精髓。唐代文学家韩愈在谈到阅读时强调了捕捉要点和主旨的重要性；宋代理学家朱熹也提倡对重要部分进行深入探究。不过，这一方法需要我们在第一次阅读时就找到重点。这个过程本身可能需要反复努力，因此整本重读法和重点重读法其实是相互促进的。

③反向重读法。

有时候,读书不必一定遵循从头到尾的顺序。反向重读法打破了书的固有结构,让我们可以从一个全新的角度重新审视内容。这种阅读方法,可能让我们在重读中有新的发现。

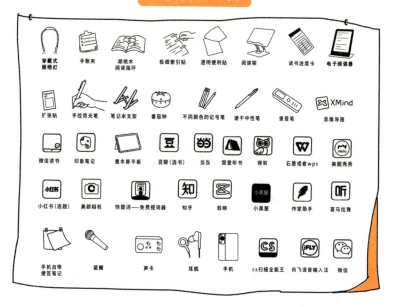

让读书体验更高效的41款实用工具

第3章
让读过的书变成钱,落地价值阅读

书中自有黄金屋。——宋·赵恒《劝学诗》

3.1 读过的书都会变成财富陪伴你一生

书不仅仅是纸张和墨水的结合,它们是人类智慧的结晶,是人类精神的传承。珍惜每一本好书、每一次阅读的时间,因为它们会悄然转化为我们一生的财富。

著名作家三毛有一句名言:"读书多了,容颜自然改变,许多时候,自己可能以为许多看过的书籍都成过眼烟云,不复记忆,其实它们仍是潜在的。在气质里、在谈吐上、在胸襟的无涯,当然也可能显露在生活和文字中。"

阅读赋予我们精神层面上和物质层面上的财富,将陪伴我们度过人生的每一个阶段,让我们成为更富足、更美好的自己。

请你思考并回答以下问题:

① 你是否曾从阅读中获得过职业方面的启发和进步?(可以是专业技能的提升,或职场的晋升)

② 你是否通过阅读增强了人际交往能力?(比如通过阅读心理学图书更好地理解人性)

③ 你是否在阅读文学作品时,感受到了心灵的富足和情感的

回馈？

④你是否通过阅读科学和历史类图书，拓展了自己的视野和世界观？

⑤你是否因为阅读而改变了自己的某些观点和生活方式？

⑥你是否曾将阅读所获得的知识运用于投资、创业或其他方面，并获得了经济回报？

从你的回答中，你是否也惊喜地发现，阅读所带来的财富是多方面的，不限于物质层面，更包括了智慧、能力、情感和视野等方面。

在物理学中，有一个飞轮效应。它是一个描述持续改进和积累效应的隐喻。一开始飞轮需要逐渐施加外力来增加其动量，但一旦飞轮开始转动，其内在的动能就会使其保持原来的运动，甚至可以在停止施加外力后仍然继续转动一段时间。

阅读的初期可能是艰难的，特别是在构建基本的阅读兴趣和习惯时。但一旦我们超越这个起始阶段，阅读就会变得自然和愉悦。

每一本读过的书都会给"飞轮"增加一点动量，可能是专业技能的提升、人际交往能力的增强、实际财富的获得，也可能是让你的心灵更加富足、视野更加宽阔。

一段时间后，"飞轮"会进入自我强化阶段。阅读所带来的多方面财富会相互强化，形成一个正向反馈的循环。比如说，通过阅读而增强的人际交往能力可能帮助你在职业生涯中更好地与人合作，从而带来更多的经济上的成功。

另外,阅读的积累效益也会在你停止积极阅读后继续产生影响。通过阅读吸收的知识和智慧会成为你一生的财富。

当然,谁会在这样美妙的时刻停止阅读呢?因为你已经彻底爱上阅读。

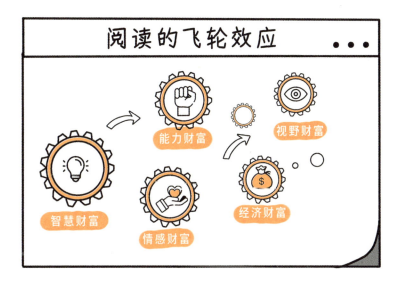

3.2 五步模板写出优质书评，实现深度输入到有效输出

书评是一种批判性的文学评论，通过分析和解释图书的内容、风格、主题等，来评估其价值和意义。它不仅仅是对图书是否值得阅读的评判，更是一种对文学、文化和人性的探索。

除了传统的书评，在现代媒体上它还有三种常见的衍变形式：读书稿、讲书稿（听书稿）、拆书稿。读书稿主要关注对作品的深入解读和批评；讲书稿更侧重于口头传述，以听众为中心；拆书稿则从更实用的角度，将书中的知识和智慧进行拆解和提炼。

学会写书评，可以实现深度输入到有效输出。

下面，我们通过一个五步模板来看书评写作的基本结构：

第一，破题引题——相关案例引入主题。

通过引入相关案例或背景，确立文章的主题方向，为读者提供一个理解和关注的焦点。

第二，作者简介——概述作者作品相关。

简要叙述作者及其作品相关信息，帮助读者建立对作品的背景理解，为后续的深入解读做铺垫。

第三，逻辑主线——概括全书精华内容。

这是写作文章的核心部分，概括全书精华内容，展示作者的观点和论证，以合理的逻辑推动文章向前发展。

第四，亮点解读——深入阐述核心观点。

深入阐述作品的核心观点或特别之处，通过精细的分析和解释，展示作品的独特价值和影响力。

第五，立意作结——总结文章，荐读升华。

这是对全文的总结和提升，总结文章的主要观点，提出对作品的推荐或评判，将文章立意提升到一个更广阔的层面。

这五步模板是通用的，不仅适用于传统的书评，还可以灵活运用于现今常见的三种书评衍变形式。它提供了一个清晰的结构和方向，使得书评写作更为有序和富有力量，也更能启迪读者思考、引发共鸣。

在公众号"丁玥读书"回复"五步模板"，教大家按照这五步模板拆解余华老师的小说《活着》。

3.3 从普通读者升级成讲书人

当我们下定决心,闭门专心看一本书,却感觉汲取到的知识还是没有达到我们的预期,该怎么办?还有没有更好的办法能够让书"穿"过我们的身体,入脑入心呢?

有,那就是把自己从一个普通读者升级成讲书人!

世界上有一种为人称道的神奇学习法——费曼学习法。它是由著名物理学家理查德·费曼提出的,核心是将复杂概念用简单语言教授给别人,通过尝试教授他人,揭示自己对主题的理解深度。

我们可以利用费曼学习法,在读完一本书后,解构一本书,尝试用自己的语言讲解它,把每本书都读透解透,把书中的知识化为自己的能力。

当我们能够做到把自己读过的书讲给别人听,让别人能听懂并且觉得我们讲得透的时候,我们就真正掌握了一本书。

讲书=阅读+演讲。

阅读是输入,而演讲是输出。讲书是基于阅读的演讲输出。

讲书的好处是双向的。对讲书人来说,通过讲书这种输出方式,倒逼自己阅读输入、理解加工,化知识为能力。对于听书人来说，节省阅读成本，仅仅听别人讲书，就能够"读"完一本书。

现在讲书特别受欢迎。讲书的内容也形式多样、精彩纷呈，包括线下的家庭、社区、校园、企业读书会分享讲书，线上社群讲书，各自媒体平台上1分钟、3分钟、10分钟讲书等。

怎样讲书？怎样才能成为优秀的讲书人呢？

"国民讲书人"赵冰老师在《成为讲书人》一书中有详细而精彩的论述。我读了他的书后，结合自己在实际工作中的经验，总结了以下三个重要的步骤：

第一步，精选好书，让每一讲都能轻松应对。

在讲书之前，可以好好思考三个指导性问题：我的听众是谁？这些听众为什么要花时间来听我讲书？我的讲书能够给他们带去什么样的收获？这样有助于精选好书、设计好讲书内容和方式。

讲书一定要有对象感，针对特定的对象准备相应的书、讲书内容和讲书方式。

比如，做家庭读书会，可以围绕着亲子关系、夫妻之道等内容选书讲书。

再比如，做社区读书会，来参与的多是中老年人，那可以围绕他们感兴趣的内容，比如选择以理财，健康，老有所为、老有所乐为主题的书。

在做校园读书会时，可以选择励志类或者讲教学方法类的书。

而在企业读书会中，可以选择职场晋升、高效工作等内容。

在讲书之前了解听众很重要，从他们的年龄、性别、职业、学历、兴趣点、痛点和期望等方面把握需求。

第二步，吸引听众，使每一讲都精彩有效。

不论是线上还是线下讲书，或是讲书的视频、音频制作，都要在吸引听众这一点上下足功夫。

如果开场不能让听众觉得这本书跟自己有关、这本书很重要，那么他们的注意力可能马上会被转移，就不会那么重视这本书的解读了。

可以在讲书的开头设置悬念，用故事或设问吸引听众。讲书过程中一方面要注重与听众的互动，另一方面内容的表达至关重要——不仅要有逻辑性，还要有创造性。讲书，是基于书做的二次创作，用故事和案例来讲明书中的观点和道理，加一些搞笑的段子，使整场讲书波澜起伏，耐人寻味。特别需要注意的是，要基于书本身做讲书，不能随意解读，要展现对原作的尊重。

第三步，就是准备好讲书稿。

我们可以借鉴3.1节所讲的用五步模板写出优质书评的方法来写讲书稿。

现在，短视频讲书非常火爆。在这里分享关于短视频讲书稿的写作方法。

了解听众：我们要分析和了解听众，他们喜欢或者需要听什么，就按照这个方向来撰写相应的内容。

确定主题：解读一本书，要确定合适的主题。在确定主题的时候要注意三个要点。第一个是关联性，就是讲解要与听众相关；第二个是实用且有趣；第三个则是要有新颖的观点。

开头要吸引人：开头一定要非常具有吸引力。短视频观众的专注时间可能很短，所以如果不能在开头吸引住他们，短视频就会被划过。

结构要合理：整个讲书的结构可以参考金字塔模型，把最重要的观点突出呈现，用案例和金句去印证这个观点，最后加以总结。

填充素材：在结构中填充素材时，要注重结构的逻辑性，还要注意素材的趣味性和启发性。理性的逻辑加上感性的故事呈现，听众更容易接受。

结尾要打动人：给讲书稿加上一个能够打动人的结尾。比方说，放一句金句，或者总结前面的观点，或者与听众保持互动。

反复打磨和修改：一篇好的讲书稿跟其他文章一样，有一个最重要的步骤，那就是反复打磨和修改。

写完讲书稿，我想分享一个评估讲书稿好与不好的最简单实用的方法，就是用你的讲书稿去练习。无论是对着镜子讲、在镜头面前讲、对着话筒讲，还是给别人讲，通过练习来检验讲书稿的语言是否流畅、是否平实、是否口语化。

最后分享一下讲书人应该有的心态。作为讲书人，你可能会担心听众的水平高于自己、担心自己讲得不好，但你要明确讲书的意义，一方面讲书能够提升自己，另一方面做知识的传播和分享是一件特别有意义的事。每个人都有知识盲区，只有不断地突破这些盲区，才能获得新的认知。所以，要大胆尝试，不断历练，把知识传播给更多人，成为更好的自己，成就更好的他人。

3.4 把读过的书或读书经验做成课，打造第二财富通道

相信你曾听说过"抄书赚钱"，就是在读过书后，把书中的精华内容或笔记以图片、视频等形式呈现在自媒体平台上。

如果读过一本书，你想将它的价值更大化，那就是化书成课。当然，不仅仅书的内容本身可以变成课，读书的经验也可以变成课。

作为知识付费的重要内容，一套优质的课程，能开启一个自动获取财富的通道。

那么，具体应该怎么做呢？

首先，仔细研读，理解一本书的价值。

其次，萃取精华，把知识和读书经验制作成课程。

最后，选择各种平台，如 YouTube、TikTok、网易云课堂等公域授课平台或者私域平台分享课程。

在分享课程的过程中，我们需要注意与学员互动，听取他们的反馈，然后优化课程。

总之，我们可以通过读书获得知识，然后把这些知识和我们的读书经验转化为课程，从而打造属于自己的第二财富通道。这不仅可以让我们获得财富，也可以让我们的知识得到传播，让更多的人受益。

3.5
赠书约评，读写互促，
新人都可以实现的最优进阶方式

英国作家毛姆说过，阅读是一座随身携带的避难所。

如果你曾认真地读书，你一定对读书带给我们的正向意义深有体会。

在互联网资讯泛滥、知识迭代迅速、各行业竞争激烈的今天，人们需要不断地提升自己的认知来适应社会生活。但能够真正静下心来读书的人不多，能够花费大量时间读书的人也不多。

想获得新知的人需要准确的指引，需要更便捷、快速地把握新知。

我发起的读书社群，以"好书，值得被更多人看见、品读"的理念，通过赠书约评的方式，在出版方和读者之间架起一座桥梁，作者、出版社、图书公司通过社群作者写作书评，让图书获得更多曝光量，被更多人知晓。

受众可以通过书评准确地选择自己需要的书，并迅速地把握书的精髓。

起初，我们社群在豆瓣小组上发起活动，迄今已与数十家出版社和图书公司，以及个人出书作者合作，每天都有阅读爱好者加入我们的赠书约评群，目前我们已经影响了近万人参与读书、写书评。

较之个人获赠约书写评,我们的组织流程更专业、发书频率更稳定。

喜欢读书写作的朋友,只要有意愿认真读写,通过加入我们的赠书约评群,就可以得到赠书。

方法非常简单,只需要在每周新书约评发布时按时参与,按照社群公告要求填写约评信息就可以了。

约到书的朋友,可以将自己的书评文字发布在豆瓣、小红书等平台上,我们提倡全网多平台发布。这样做,可以为每一个书评写作者的个人自媒体积累价值。

如果大家关注网络,就会发现各个平台上都有我们社群的作者关于读书的内容分享。

在新媒体盛行的当下,赠书约评的意义不仅仅在于免费得到纸质书,也不仅仅在于获得免费读书的机会,更在于能够持续地输入新知、获得有益的积累、提升自己的认知,同时,持续写作书评,能够养成读书写作的良好习惯,也能够锻炼写作能力,获得更多成长变现的机会。

加入"丁玥读书赠书约评群"的朋友,很多初来时都是互联网新人,不会约书,不会写评,不会发布,不会玩自媒体。一段时间后,能力普遍得到提升。不少人后来加入读书写作高级社群——知识星球上的"读书博主圈",学习更多、更系统的读书写作的干货及课程,通过图文、视频、语音等方式运营自己的自媒体,实现粉丝增长和写作上稿,提升影响力、成功变现。

我经常讲,读书是成本最小而收获最大的一件好事。

自我开始真正把读书作为"天命事业",我的收获真的很大,不仅在半年内就实现了提高收入的目标,而且随着时间的推移,还收获了持续的复利价值。

很多人都通过读书实现了财务自由的梦想。更重要的是,通过读书获得的精神上的财富和享受,让他们更充实、更快乐、更有成就感;感受到自我提升和影响他人提升,也让他们获得了无与伦比的价值感和幸福感。

我们都是平凡生活中的普通人,要跨越阶层改变命运很难。但是,读书,在某种程度上,可以让我们低成本地、可预期地接近这一目标。

为了更好地帮助阅读爱好者快速成长为写作者、作家,我们组织起读书训练营,训练营秉持"一起读书写作、一起向上生活,用生命影响生命,让一亿人因为阅读而受益"的理念,每期精选经典图书解读,并辅以书评写作、读书稿上稿实战、作家分享、书评人大赛等活动。

借助于赠书约评,我们培养起来的是一种持续有效地读书写作的习惯。我们的读书会基于一个美好的愿望发起,影响了一批喜欢读书写作的朋友,让他们成为更好的自己。在大家一起交流分享的过程中,更多人想成为作家的美好愿望在一步步变成现实。

其实,线上约书的渠道很多,大家可以通过豆瓣、小红书、当当读书、微博等平台去约书;也可以直接通过出版社、作家获得赠书。

3.6 七种带货卖书法，成人达己，做顶流阅读推广者

在数字化时代，图书销售和推广的规模已经远远超越了传统渠道的规模。现在，我们有多种创新的方式可以让更多人接触并购买图书。作为一个阅读爱好者，在读书之余，尝试以下七种不同的带货卖书法，也许能够让你成为顶流阅读推广者，精神物质双丰收。

1. 图文带货卖书

利用图片和文字展示图书的魅力，吸引读者产生阅读兴趣，从而购买图书。

比如，在头条号上写微头条分享书中的名言警句；在小红书上使用与图书内容相关的高质量图片，编写引人入胜的文字做读书精华分享；在百家号或者知乎、微信公众号上写作书评、读书稿长文等。在内容发布时添加上书的购买链接，让喜欢的读者自主下单。

2. 短视频带货卖书

采用短视频形式吸引读者的注意力，从而让读者购买图书。

短视频有如下几种表现形式：第一种，名言语录读书视频，只需要将文案配上合适的背景图案、朗读配音；第二种，影视二创解读视频，把图书和影视作品关联起来，以影视作品作为素材来表现图书内容；第三种，剧情演绎类，通过创意剧本展示图书内容，激发受众的好奇心；第四种，真人讲书推荐类，通过真人出镜讲书，传达图书的价值。在这些不同形式的短视频之中，都可以提供购买链接或其他购买途径。

3. 音频带货卖书

利用声音的魅力推广图书，从而让读者购买图书。

通过音频讲书或者直接以有声书的形式呈现，适当添加背景音乐，加上购买方式，在各大音频平台发布，如微信听书、喜马拉雅、懒人听书等。

4. 直播带货卖书

直播带货能实时与读者互动，促进销售。

策划有趣的直播内容：如作者访谈、章节朗读等，在直播间通过问答、抽奖等环节增强观众的参与感，并且通过提供限时优惠等特殊福利刺激即时购买。

5. 书单号卖书

通过精选书单推动销售。

围绕特定主题或兴趣创建精选书单。通过社交媒体推广书单或者与作者或出版社合作，共同推广书单。比如直接在各平台上做书单号的账号运营，或者通过图文、音视频添加系列图书的购买链接。

6. 社群卖书

建立社群，增强读者归属感。

通过建立和维护社群，如微信社群，组织在线书评会、作家直播等，给社群成员提供专享折扣或赠品直接卖书。

7. 共读营卖书

通过共读活动促进图书销售。

选择有趣的图书，策划线上共读计划，为参与者提供导读服务，让读者在共读过程中互动交流，增强共鸣，进而促进图书的售卖。作者还可以通过共读营，提供"书包课"的服务，促成转化成交。

时代在进步，我们也要与时俱进，运用新方法，在推广阅读的道路上走得更远。

3.7
个人出书，品牌价值加速器

在当今高度竞争的商业环境中，个人品牌塑造已成为提升影响力、获得信任的重要手段。其中，个人出书以其独特的力量，正成为推动个人品牌价值的加速器。

出书能够展示个人在某一领域的专业知识与见解，从而建立和加强专业地位。对于读者来说，一本书往往代表了作者深入研究某一领域和掌握某一主题的能力。

通过出书，作者能够以更系统、更深入的方式与读者沟通交流。这种沟通方式增强了作者与读者之间的信任关系，提升了作者的可信度。

图书以独特的方式触及读者的心灵，建立作者与读者之间更深层次的连接。这种连接有助于塑造更强烈的忠诚度和认同感。

如何有效地使用个人出书提升品牌价值？

选择合适的主题。选择与个人品牌定位和专业背景紧密相关的主题是成功的第一步。这样可以确保图书的内容能够反映个人的专业优势和独特视角。

保持高质量的内容创作。内容的质量直接影响个人品牌的形象。投入时间和精力来研究、写作，并确保内容的准确性和可读性,是构建正面品牌形象的关键。

创造性地推广。除了在传统书店销售外,还可以通过线上平台、社交媒体、演讲等多种方式创造性地推广。正确的推广策略可以确保图书触及更广泛的受众,从而更好地服务于品牌建设。

与读者互动。个人出书的成功不仅在于销售数量,更在于与读者建立联系。主动与读者互动,例如在线问答、签售会等,可以进一步增强个人品牌的吸引力。

个人出书不仅是知识和思想的传播手段,更是一种强大的个人品牌价值加速器。通过出书,人们可以展示自己的专业能力,建立与受众的信任关系,从而提升个人品牌价值。

个人出书并不简单,需要精心策划选题、保持高质量内容创作、创造性地推广以及与读者互动。只有这样,个人出书才能真正发挥其在个人品牌塑造方面的潜力,成为个人品牌价值的加速器。对于那些渴望通过写作展示自己、影响他人的人来说,这是一条充满挑战和机遇的道路。

3.8 让读过的每一个字都被点石成金，文案写作变现攻略

文案写作不仅是一项重要的商业技能，更是一种可以将知识转化为现金收入的艺术。许多人通过阅读和学习，积累了丰富的语言和文化知识，但如何将这些知识有效地转化为收入来源呢？

首先，我们需要认识文案写作的价值。

在现今的商业环境中，一篇优秀的文案不仅可以吸引客户的注意力，还能直接促进产品或服务的销售。文案写作已经成为现代营销的核心组成部分。具备出色文案能力的人，无论是自由职业者还是企业员工，都可以通过他们的文字创造经济价值。

接下来，分享文案写作变现六步攻略：

（1）确定自己的写作风格。

一位成功的文案写作者需要有自己的风格，了解自己的优势和特点，并持续地练习和磨炼，让文案更具吸引力。

（2）了解目标受众。

有效的文案需要解决目标受众的问题或满足他们的需求。深入了解受众，并围绕他们的兴趣和需求构建文案。

（3）学习市场趋势。

了解当前市场上最受欢迎的产品和趋势，并将这些信息融入文案中，有助于保持文案始终与市场同步。

（4）建立自己的个人品牌。

作为一名文案写作者，建立自己的个人品牌，能够增加自己的知名度和可信度。分享你的作品和见解，与同行和潜在客户互动，都有助于建立个人品牌。

（5）寻找合适的平台。

许多在线兼职平台、招聘平台如BOSS直聘等都提供了文案写作者和潜在客户的连接服务。选择合适的平台，可以更容易地找到与技能和兴趣相匹配的项目。

（6）不断学习和进步。

市场和技能的需求总是在变化。持续学习新的写作技巧和市场动态，保持自己的知识和技能与时俱进，是长久成功的关键。

文案写作不仅仅是一种艺术，更是一种可以为你带来实际收益的技能。无论是刚开始探索文案写作的新手，还是寻求新的变现方式的经验丰富的作家，这些攻略都可以为你提供宝贵的指导，引领你走向文案写作的成功之路。不要让那些精心雕琢的文字仅仅停留在纸面上或屏幕上，持续精进，读过的每一个字都能被点石成金。

第4章
打造吸引力读书会,拓展私域阅读

独学而无友,则孤陋而寡闻。——《礼记·学记》

4.1 读书,但从来不仅仅只是书

你是不是也曾觉得阅读是一种孤独的旅程?是非常私人化的体验?作为一名阅读推广人,我的感受是,独乐乐不如众乐乐。

让我们先做一个小测试,回答以下问题,一同来探索读书的更深层意义:

① 你是否曾对朋友分享过一本好书?

② 你是否会参与读书会或读书社群,和志同道合的人共同成长?

③ 你是否认为通过读书可以与他人更好地建立联系?

④ 你是否曾通过读书会或读书社群,为自己的生活或职业生涯带来改变?

回看测试问题,你是否会重新思考阅读在生活中的地位?你是否开始意识到,当我们谈论阅读时,我们往往只看到了书本、文字,却忽视了它在人际交往和社会进步中的重要作用。

我们阅读的是书,但又不仅仅是书。书是一种社交纽带,读书会、读书社群是连接人们的桥梁,是推动人类社会持续发展的力量。

早在 2006 年 4 月,中共中央宣传部、中央文明办、新闻出版总署等就共同向全国发出《关于开展全民阅读活动的倡议书》,提出开展"爱读书,读好书"的全民阅读活动。从政府到地方、从企业到校园、从社区到家庭,全民阅读开始广泛开展起来。

全民阅读与融媒体智库 2020 年和 2021 年发布的《"书香中国"全民阅读品牌传播影响力大数据研究报告》表明,近年"书香中国"全民阅读涌现出数十家区市级品牌,其中包括了许多具体的读书会和读书社群的案例。以"深圳读书月"为例,2000 年,深圳首届读书月活动成功举办。最是书香能致远,深圳的全民阅读广泛开展,包括各种形式的读书会让人们共同探讨、成长,阅读为深圳带来了巨大的精神财富和物质财富。

下沉到企业、校园,也有一些典型的代表,比如华为阅读发起的 DIGIX 读书会、清华大学发起的清华读书讲座、读书经验分享会、作者面对面等形式多样的读书会,武汉的"作家进社区",各地妇联或教育部门或地方图书馆组织的"家庭读书会"等。这些案例展示了如何通过读书会在各个层面推动阅读,促进人们之间的交流和理解。

你是否更享受这样的场景:一群人聚在一起,书页在手中轻轻翻动,话语在空气中流淌。有的人分享书中的感受,有的人谈论人生观点,有的人则默默聆听,一同在文字的海洋里漫游。这是读书的力量,将人们连接在一起,共同探索、共同成长。

"共同体意识"理论强调个体与群体的关系,以及如何通过共享的价值观、信念和目标来增强彼此的联系。在这个理论的视角下,读书不仅是一种知识获取的方式,更是一种文化传承、价值分享和人际连接的渠道。

读书不仅是一种知识获取的方式,
更是一种文化传承、价值分享和人际连接的渠道。

读书会和读书社群正是这一理论的生动实践。在这些社群中,人们通过共读、共议、共享,建立了一种深深的共鸣,使人们走向了对世界的共同理解和共同探索。请和我一同走进读书的世界,探索更广阔的天地。不仅仅是一起读书,更是对人与人之间温暖的关系、共同体意识的培育。

让阅读成为一种力量,一个人可以走得更快,但一群人才能走得更远。

4.2 免费社群与付费社群

免费社群和付费社群是互联网时代下，特别是在粉丝经济背景下的两种常见的社群运营模式。它们不仅体现了不同的商业模式和运营策略，还代表了不同的用户互动和价值转化方式。

免费社群是对所有成员开放、成员无需支付任何费用即可加入的社交集体。

免费社群具备以下优势：

（1）广泛覆盖：由于不需要支付费用，免费社群往往能够吸引更广泛的受众。这种覆盖的广泛性有助于快速扩大社群的规模。

（2）更多的互动：免费参与的门槛较低，导致更多的人愿意加入和参与讨论，从而促进了活跃的互动。

（3）品牌曝光：对于品牌而言，免费社群可以是一种促销工具，能够提高品牌的知名度和曝光度。

实际运营中的局限性如下：

（1）内容质量的不稳定：由于缺乏收入来源，免费社群可能难以保持高质量的内容和管理。

（2）缺乏独特性：免费社群可能缺乏独特的价值提议，导致难以吸引忠实的成员和保障较高的留存率。

（3）安全与隐私问题：免费社群可能对成员的隐私和数据安全提供较少的保障。

付费社群是指通常需要成员支付一定的费用才能加入或获得特定的内容和服务的社群。

付费社群的优势如下：

（1）高质量内容：付费社群往往提供更专业、深入的内容。收费是一种筛选机制，确保社群的成员都对相关话题、服务有深厚的兴趣。

（2）深度连接：付费社群中的成员往往更加投入和忠诚，这促进了更深入的交流和连接。

（3）更好的资源和支持：由于有了资金来源，付费社群可以提供更好的资源、工具和支持，从而提高成员的满意度，促进成员的发展。

实际运营中的局限性如下：

（1）增长受限：由于费用门槛，可能难以迅速扩大社群规模。

（2）维持价值：为了保持和吸引付费会员，必须不断提供高质量的内容和服务。

（3）价格策略：如何制定合理的价格，既能吸引成员，又能确保收入和利润是一个挑战。

总的来说，从免费到付费，从粉丝到客户的距离，运营者每一步的策略都显得至关重要。

传统营销中的免费商品往往旨在快速吸引大量的潜在客户，而免费社群则如同这些免费商品，起到吸粉养粉的作用。但值得注意的是，即使是免费社群，要做到粉丝留存和实现转化，也需要提供真实的服务，输出有价值的内容，并打造与定位相匹配的社群环境。这样才能在短时间内赢得粉丝的信任，并顺利完成转化。

比如在免费读书社群，可以让大家参与分享读书心得，定期组织读书人交流会，不定期安排大咖分享，发起赠送或互换图书的活动等，通过这些价值输出和服务，实现社群良好且相对持久的运营。

4.3 社群精准吸粉,与真正的读书爱好者共读

在这个快节奏、高效率的时代,沉浸在书的世界中,与文字进行灵魂深处的对话,已成为一种稀缺的奢侈品。当我们遇到真正的读书爱好者,那种感觉就像在浩瀚星海中找到了与自己波动频率相同的星体,温暖而亲切。

想象一下,在一个宁静的夜晚,窗外星星点点,你手里捧着一本书,灯光下的文字仿佛对你诉说着一个又一个鲜活的故事。这时,有一个与你有共鸣的读书爱好者,正与你分享他在阅读中的所思所感。这种共读的体验,像是两颗流浪的星球在浩瀚宇宙中不期而遇,产生了美妙的共鸣。此时的读书,不仅是一场与自己、与作者、与世界的对话,更是与另一个灵魂深度的交流,超越了文字和语言的束缚。

在互联网的浩瀚海洋中,找到与自己兴趣相投的人并非易事。尤其对于读书爱好者来说,找到那些真正热爱阅读、愿意深入讨论和分享的伙伴更是宝贵。因此,读书社群的精准吸粉策略显得尤为重要。

首先,可以依靠**公域吸粉**。这意味着通过公共平台、社交媒体和其他广泛的途径,将读书相关信息传播到大众面前,吸引他

们的注意。

其次，依靠内容吸粉。高质量的读书内容、专业的书评、有深度的讨论以及与读书相关的各种资源，都能够吸引那些真正热爱阅读的人。而这些内容不仅仅是书本、是文字，还可以是音频、视频、线上研讨会等多种形式。

要真正留住这些粉丝，服务和价值是关键。服务锁粉意味着为社群成员提供超出期待的服务，如个性化的阅读推荐、线上线下的读书活动、与作者的直接交流机会等。而价值锁粉则更加深入，它要求社群不仅仅提供服务，还要与成员建立深度的情感连接，共同创造和分享价值。

尽管我们追求广大的读者圈子，但我们深知，真正有价值的社群，实际上是有门槛的。同频共好，就是门槛。只有找到那些与我们同频共好的伙伴，才能真正体验到灵魂的碰撞与共鸣。这种深度的共鸣，在这个充满喧嚣和浮躁的世界中，是难得的纯粹和宁静，是每一个读书人都想获得的难得的幸福体验。

4.4 提供价值,玩出好内容

读书社群的主要目的是交流读书。社群发起人是社群存在价值和存在方式的倡导者。为了扩大社群成员的视野,丰富他们的视角,发起人可以做些什么呢?为了帮助成员解决困扰,发起人可以做些什么呢?为了帮助他们链接优质人脉,发起人可以怎么做呢?

对于学习型读书社群来说,前期的整体策划非常重要。在社群建立之前,就要有一个周期内的整体活动规划,这个周期可能是一个月,可能是三个月,可能是半年或者更长时间。社群发起人应该考虑在这个周期内所要设计的活动主题,让社群成员在活动中持续地感知社群的存在,持续地从这个社群中获利,持续地在这个社群中成长。

当然,在这个周期内,发起人也要时不时地问问自己和团队,策划的读书主题活动是为了满足社群成员的哪些需求而设计的?有没有实现这个目的?

基于帮助社群成员解决问题的初衷策划读书主题活动,才会让他们觉得这个活动是值得参与的,这个书课融合的社群是值得加入的。

让社群成员之间保持积极互动，持续地分享读书的心得、方法，输出好内容，让社群持续存在，在具体的运营过程中，一方面需要不断地为成员提供价值，另一方面，在运营形式上可以采取一些好玩的形式，促进交流互动。

1. 持续提供价值

持续提供价值就是基于前文的三个问题去想答案，运用实际的活动帮助社群成员达成扩大视野、解决困扰和链接人脉的目的。比如定期分享全球相关资讯，收集读书写作的困惑并组织有针对性的答疑交流会，通过新入社群时的固定模板来进行自我介绍，收获关注等。

2. 一些好玩的社群互动形式

运用读书打卡、主题分享、轮流领读等形式来实现社群内成员的高效互动。

总之，用好玩的形式、有益的内容作为养料，在社群成员间、形成相互链接、相互分享、互助提升的良好氛围，这样的社群才具有相对持久的生命力和存在价值。

4.5 产品设计与分层收费,实现社群知识变现

读书社群可以是一个变现产品,或者一个引流产品。

在实际运营过程中,将可触达受众群体更多,满足其基本但相对密集需求的社群规划为引流社群。引流社群可以收费,也可以免费。但即使是免费,其作为知识产品的设计和运营策略,依然需要依照付费产品的思维来做,甚至在某种程度上,较之付费产品要求更高。

配合着读书社群,后端可以设计个人品牌定位之下的组合课程,依托引流社群做转化之后,分层收费、分层管理。

以我的社群运营为例。之所以运营读书社群,是源于我看到在豆瓣上招募书评作者的一些帖子。我参与书评写作,体验整个过程,发现有很多出版社需要作者为新书写评,而很多作者想依靠写作书评提升自己,同时还能得到免费的纸质图书和稿费。于是我与出版社、图书公司以及个人出书作者合作,拿到新书资源,并在豆瓣平台推出"赠书约评"的帖子,很快就得到了书虫们的回应。之后,我将信息逐步拓展到其他平台发布,随着时间的推移,基于赠书约评的需求来联系我的人越来越多。

2022年6月,我开始做免费赠书约评社群,旨在通过连接出

版社和作者，为新书写作书评。合作的出版社免费提供赠书（新上市纸质书），加入社群的约书作者收到赠书后写作书评，并在自己的自媒体发表，借助于约书作者的粉丝资源和文字势能，新书获得曝光推广。

赠书约评群虽然是一个免费社群，但是作为引流的社群，它把有相同爱好的人集中在一起，同时，也精准地获取了意向客户，为之后的知识产品设计与分层收费提供了基础。

随着我们每周上新、常年约评的信息触达更多的书虫，社群的规模就变得日益庞大起来。迄今，我们已经吸引了近万人参与书评写作。

一段时间后，我开始在免费社群的基础上用专业的社群工具"知识星球"做付费社群——读书博主圈，对付费会员收取年费，在"小鹅通"用圈子工具做社群——晚读晨写终身打卡社群。读书博主圈紧紧依托免费社群的粉丝资源和粉丝需求，通过提供读书、写作、做自媒体和做个人品牌的内容输出，吸引粉丝付费，转化成客户。晚读晨写终身打卡社群则是从实践角度出发，带领付费会员一起行动。

不同的客户层次意味着不同的价值和服务。随着人数渐多，我们推出了多种课程产品，并建立不同分层的社群，进一步提供有针对性的服务。从最初的免费社群成员到付费社群成员，从付费课程学员到后期的合伙人、年度私教弟子，每一层次的客户都代表了与社群更深入的联系和更高的价值转化。为了不断满足这些客户的需求，我们必须不断地创新和完善产品和服务。

笔者的社群运营如下图所示。

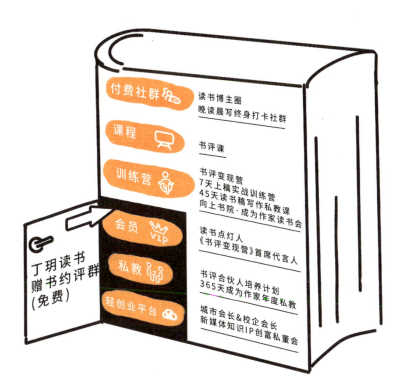

总之，在粉丝经济时代，社群运营是实现知识变现的有效途径。通过不断思考、创新和实践，围绕社群目标、受众需求和资源更新，建立和维护良好的社群环境，赢得社群成员的信任和支持，优化产品设计，真正为粉丝提供有价值的服务，才能实现从粉丝到客户的分层转化，实现知识变现，实现社群运营价值的更大化。

4.6 社群互动，实现360度全方位高黏度

运营过社群的人都知道，让一个社群长久地具有活力是一件很难的事。很多社群一开始热闹，一段时间之后就失去了吸引力和价值，要么群内粉丝流失，要么大家都"潜水"，没有互动和交流，变成一个"死群"。

怎样让社群具有活力？怎样实现高黏度的社群吸引力？

创造引人入胜的内容。社群的黏度始于内容的质量。确保你社群内的分享内容具有吸引力和独特性。通过引人入胜的内容，吸引更多的读者参与互动，留下他们的评论和反馈。

激发参与的机会。设计社群互动的环境，使得参与变得轻松而有趣。提供投票、调查、问答环节等形式，让社群成员参与决策过程。这不仅能够激发成员的兴趣，还能够让他们感到自己在社群中有一定的影响力。

个性化互动。了解社群成员的兴趣和喜好，进行个性化的互动设计。这可以包括定期的成员推介，根据推介成员的情况做相关的活动，或者定期为社群成员提供专属福利。通过个性化的互动，提高成员的参与度和黏度。

及时回应和互动。社群的活力与运营者的主动互动息息相关。及时回应成员的评论、问题和建议，展开真诚而积极的互动。这种实时的互动能够让成员感受到被重视，从而增加对社群活动的参与度。

举办专题活动。定期举办各种专题活动，如书评人大赛、读书分享会、专题讲座等。这样的活动既能够吸引新成员加入，也能够让现有成员感到社群的活力和多样性。

社交互动的游戏化设计。引入游戏化元素，设计社交互动的游戏，如签到打卡、积分排名、成就徽章等。通过这些互动的游戏元素，激发成员的参与欲望，增加社群的趣味性和互动性。

建立正面的社群文化。社群文化对于用户黏度的形成至关重要。建立正面、支持和鼓励分享的社群文化，让每个成员都感到温馨和受欢迎。这种正面的社群文化能够促进成员之间相互关心、相互支持，增加社群的凝聚力。

通过以上设计，可以在社群互动中形成高黏度的社群氛围，吸引更多的读者积极参与，并使社群成为一个充满活力和共鸣的空间。

4.7 知识管理，手把手练就知识管理五大步骤

在踏上知识管理的旅程之前，首先需要明确目标。你需要问自己：我想要实现什么？是提高个人效率，还是促进团队协作？或者是建立一个共享知识的文化组织？确立清晰的目标将有助于你在知识管理过程中有针对性地进行规划。

在社群环境下，有意识地将知识分享规划成两种，一种是面向公众的无条件分享与传播，另一种是专属于内部成员或付费学员的私密知识服务。通过巧妙整合社群成员的人脉资源和势能，我们可以构建一个既开放又有序的知识管理体系。

1. 无条件分享与传播

步骤一：内容创造与分享。

社群成员通过参与各类活动，生成了丰富的知识内容。借助于社群成员各自的人脉资源和势能，让他们主动分享传播。

比如，推广读书号的活动。可以运用打卡工具，生成个性化的读书海报等。因为内容有知识含量，所以具有传播性。将能够体现个人品牌和课程产品价值或者读书号运营理念的内容打造好，运用这种形式充分传播，实际上就是带动更广泛的受众参与看似

无序但是有益的知识管理和营销传播。

步骤二：运用社交网络扩大影响。

社群成员在分享过程中，可以借助个人社交网络的力量，将有益的知识内容传播得更远。这种无条件分享不仅带动了知识管理的营销传播，也为社群创造了更多的互动机会。

通过社交媒体平台，个人品牌得以提升，同时社群也得到了更多关注。

2. 内部成员或付费学员专属知识服务

步骤一：选择适当的软件工具。

知识的收集和整理是知识管理的基石。现代科技提供了许多优秀的知识管理工具，如笔记应用、项目管理工具、团队协作平台等。选择适合自己和团队需求的工具，并熟练掌握其使用方法。这些工具可以帮助你更高效地组织、存储和分享知识。

从不同来源搜集信息，包括图书、网络、会议记录等。创建一个系统化的分类结构，将收集到的知识进行整理，以便快速准确地检索和使用。对于内部成员或付费学员的专属知识服务，我们需要选择适当的软件工具来实现。比如，可以利用专业的在线课程平台如小鹅通，或者自建社群内部论坛如知识星球，各直播平台的私密直播等，确保知识的传递更有序、精准。

步骤二：建立知识分享文化。

知识管理并不仅仅是个人层面的，团队和组织层面同样重要。在这个环节，重要的是要立足更高远的理念和价值观，建立一种积极的知识分享文化，鼓励成员共享经验、教训和成功案例，促进信息的流通与共享，提高整个团队的绩效。

步骤三：定期更新与互动。

知识管理是一个动态的过程，需要不断学习和改进。关注新的工具和方法，及时调整知识管理策略，以适应不断变化的需求。定期评估知识管理系统的效果，确保内部成员或付费学员始终能够获取有价值的信息。同时，鼓励成员在专属社群中互相交流，形成良性的互动循环。根据反馈进行调整和改进，确保社群始终保持高效和适应性，以及给予成员良好的体验感、获得感。

通过这五大步骤，社群知识管理既能够实现开放式的无条件分享，吸引更多人参与，又能够提供专属的有序传递服务，确保知识的精准传递，使社群成为一个充满智慧和活力的知识共享平台。你将能够系统地构建并不断优化你的知识管理体系，从而更好地应对信息过载，提高个人和团队的工作效率，促进组织的创新和发展。

2.教练思维期（放大裂变）

随着经验的积累和影响力的扩大，创业者将进入教练思维的阶段，此时不再只关注个人能力，而是把注意力更多地放在向他人传授技能和知识上，实现知识的裂变和放大。

本阶段的特点：

重视团队建设和人才培养。

将自身经验系统化，形成课程或教程。

开始拥有自己的粉丝或学员群体。

在这个阶段，我的核心任务是将个人经验和知识体系化，指导他人如何有效地读书写作，以及如何创建并维护个人IP。

活动与策略：

① 读书写作教学。设计线上课程或创办线下工作坊，教授学员读书写作的方法、技巧和策略。

② IP建设指导。帮助学员理解知识产权的重要性，教导他们如何创建、维护自己的IP，并促进IP盈利。

价值优势：

此阶段不仅可以将个人知识和经验传递给更多人，还能通过培训他人来放大自己的影响力和收益。

局限性：

仍然受到行业或领域的边界限制，难以进一步扩展。

3.平台思维期（合作共赢）

进入平台思维的阶段，就要开始从整体出发，构建一个开放、共赢的平台，吸引更多的合作伙伴，共同创造价值。

本阶段的特点：

重视生态系统的建设。

不再局限于自身的知识和技能，而是整合外部资源。

通过合作和分享，推动整体行业或领域的进步。

在这个阶段，我的核心任务是构建一个全方位的读书会平台，鼓励更多的合作伙伴共同参与，形成一个大家都可以受益的生态系统。

活动与策略：

① 建立读书会。通过城市会长或校企会长的机制，鼓励更多的人参与，推动读书会在各个城市、学校和企业中蓬勃发展。

② 合作资源整合。与具备共同理念的出版社、已成功开始相关事业的学员和其他外部资源达成合作，为读书会提供丰富的内容和服务。

③ 作家培养。与出版社合作，为读书会中表现出色的学员提供出书的机会，助力他们实现作家梦想。

价值优势：

在此阶段，通过搭建一个开放而有影响力的平台，获得更大的市场份额和收益，实现各方利益的最大化，推动整个行业的进步和繁荣。

局限性：

需要对多方利益进行平衡，管理复杂度增加。

通过以上三次商业模式的升级，我不仅积累了丰富的经验，更重要的是学会了如何从不同的维度看待问题，不断扩大视野，寻找更大的机会。经过三次商业模式的升级，从个体到集体，从集体到平台，形成了一个有深度、广度和高度的商业模式。

通过以上三次商业模式升级，相信你也一定会有所发现，从个体思维期（做精做细）—教练思维期（放大裂变）—平台思维期（合作共赢）的发展，其实就是一个影响和团结更多的人从而推动事业持续发展的动态过程。

读书的价值，最本质的，就是帮我们提升认知、解决困惑。

经过这几年的深度沉浸，我越来越认识到，面对生活中的问题、难题，我们之所以一筹莫展、焦虑困顿，都是因为我们的思维定式，我们受困于自身认知的局限性。

在大家的共同努力下，才能突破个人的思维局限，洞开更大的格局，站在更高远的视野空间，拥有开阔向上的胸怀；在更多个体的共同合力下和努力摸索中，才有望为整个读书写作行业提供一个全新的发展方向。

4.9
4种学习型读书会：家庭、社区、校园、企业

读书会，是在"书香中国"的倡导中蓬勃发展起来，被更多团队所需要的一种学习方式。

随着全民阅读的深入，它覆盖的人群越来越多。从家庭到社区、从校园到企业，每一种读书会都有其特色，为不同层面的人群形成读书习惯，并在交流分享中提升认知和素养提供了共享智慧的机会。

1. 家庭读书会

顾名思义，家庭读书会就是以家庭为单位组织、家庭成员共同参与的读书会。家庭读书会可以作为家庭休闲娱乐或者家庭管理计划的一部分。固定好读书会时间、议定好相关的流程和内容，读书会就可以开始了。家庭成员一起读书，一起讨论书中的观点，不仅可以促进交流，分享自己的读书体验，以及从书中得到的启示，提升各自的认知素养，也能够很好地建立和谐的家庭关系，形成积极向上的家风。

一期家庭读书会策划举例：《小狗钱钱》

读书会主题：培养家庭理财意识，共同探讨《小狗钱钱》中

的财务管理智慧。

背景：随着现代生活加快节奏，理财意识对于家庭的经济健康至关重要。《小狗钱钱》作为一本通俗易懂的财务管理经典，可以作为家庭成员共同学习、分享和交流的重要参考书。

（1）读书会组织安排。

参与成员：家庭中的所有成员，包括父母和子女。

时间：周六下午2点至4点。

地点：家庭客厅。为了营造温馨的氛围，可在桌上准备些许零食和饮品。

图书选择：《小狗钱钱》。提前准备好该书。

互动方式：小组讨论、角色扮演、财务规划游戏等多种互动方式。

（2）读书会流程和内容。

欢迎和介绍（15分钟）：主持人简要介绍《小狗钱钱》的背景和本次读书会的目的，鼓励成员们放松心情、积极参与互动。

小组讨论：讨论《小狗钱钱》的核心观点（30分钟）。将家庭成员分成小组，每组讨论书中的一到两个核心观点，分享彼此的理解。

角色扮演：制订家庭理财计划（25分钟）。成员们通过角色扮演，模拟家庭理财情境，讨论应对策略和解决方案。

财务规划游戏（20分钟）：制定一个简单的财务规划游戏，让成员们体验理财的乐趣和挑战。

全体分享：家庭理财经验（30分钟）。每个小组派代表分享小组讨论的要点和制订的家庭理财计划，促进更深层次的交流。

问答环节（15分钟）：家庭成员可以提出与家庭理财相关的问题，其他成员给予建议，促进更深层次的思考。

总结和展望（15分钟）：主持人总结本次读书会的亮点，展望下一次的主题，并收集成员的建议和反馈。

通过这一期家庭读书会，我们在轻松愉悦的氛围中，促进家庭成员对《小狗钱钱》中的理财智慧产生更深刻的认识，并通过互动的方式，激发每位成员对理财的兴趣和实践动力。

2. 社区读书会

社区读书会可以由社区团体、居民委员会等组织发起，旨在促进社区居民之间的交流和共同学习，和谐邻里关系，营造学习型社区氛围，提升居民素养，彰显社区文化建设成果。

一期社区读书会策划举例：《活出生命的意义》

读书会主题：探讨生命的意义，共同学习《活出生命的意义》中的人生哲学。

背景：社区作为一个庞大的群体，其成员有着各种不同的生活经历和价值观念。读书会将以《活出生命的意义》为引子，让成员们共同思考人生的价值和意义。

（1）读书会组织安排。

参与成员：社区居民，包括不同年龄层次和职业的人群。

时间：周六下午3点至5点。

地点：社区活动室，以便容纳更多参与者。

图书选择：《活出生命的意义》。提前通知社区居民购买或借阅该书。

互动方式：小组讨论、心灵写作、分享个人故事等多种互动方式。

（2）读书会流程和内容。

欢迎和介绍（15分钟）：主持人简要介绍《活出生命的意义》的背景和本次读书会的目的，拉近社区居民之间的距离。

小组讨论：书中的核心思想（30分钟）。将社区居民分成若干小组，每组讨论书中的一个核心思想，分享个人的体会和感悟。

心灵写作：表达生命意义（25分钟）。每位参与者通过短时间的心灵写作，表达自己对生命意义的理解。

个人故事分享（20分钟）：社区居民分享自己的生命故事，探讨在不同人生阶段如何寻找生命的意义。

大型互动游戏：人生的旅途（30分钟）。设计一个模拟人生旅途的游戏，让社区居民在游戏中体验生命的起伏和变化。

全体分享：生命的意义对我的影响（20分钟）。每个小组派代表分享小组讨论的要点和个人的感悟，促进更深层次的交流。

问答环节（10分钟）：社区居民可以提出与人生意义相关的问题，其他居民给予建议，促进更深层次的思考。

总结和展望（10分钟）：主持人总结本次读书会的亮点，展望下一次的主题，并收集居民的建议和反馈。

通过这一期社区读书会，我们希望在轻松、温馨的氛围中，让社区居民深入思考生命的意义，共同探讨人生哲学问题，形成关系更加紧密的社区群体。

3.校园读书会

现在的学校一般都有针对学生个人兴趣发展而组织的各种社团。读书会较之社团,可以吸纳更多的人。每个学生都可以是一个阅读者。根据学生的成长需要,相关负责人策划好读书会的内容和形式,配以指定的书目,安排好读书分享人,按照提前规划的流程,就可以组织好读书会了。

读书会可以分别或同时面向学生和教职员工。通过共同阅读学术著作,促进生生之间和师生之间的学术交流,共同提高学术素养和深度思考能力。

一期大学校园读书会策划举例:《思考,快与慢》

读书会主题:探索思考的模式,共同学习《思考,快与慢》中的心理学原理。

背景:大学校园是知识的摇篮,学生们在这里经历成长和思考的过程。读书会将以《思考,快与慢》为引导,帮助学生理解和运用心理学中的思考模式。

(1)读书会组织安排。

参与成员:大学生和教职员工。

时间:周三晚上7点至9点。

地点:校园图书馆多媒体室,提供良好的阅读讨论环境。

图书选择:《思考,快与慢》。提前通知参与成员购买或借阅该书。

互动方式:专题讲解、小组讨论、思考实践等多种互动方式。

（2）读书会流程和内容。

欢迎和介绍（15分钟）：主持人简要介绍《思考，快与慢》的背景和本次读书会的目的，拉近与会人员之间的距离。

专题讲解：思考的两种模式（30分钟）。通过专业讲解，介绍《思考，快与慢》中提到的系统一和系统二的思考模式。

小组讨论：应用思考模式（25分钟）。将参与成员分成小组，每组讨论如何在实际生活中应用不同的思考模式，分享自己的观点。

思考实践：情景模拟演练（30分钟）。设计一系列情景模拟，让学生在实践中运用系统一和系统二的思考方式。

个人体验分享（20分钟）：学生们分享在实践中的体验和感悟，促进更深层次的交流。

问答环节（20分钟）：学生们可以提出与思考模式相关的问题，教职员工或其他同学给予建议，促进更深层次的思考。

总结和展望（10分钟）：主持人总结本次读书会的亮点，展望下一次的主题，并收集参与成员的建议和反馈。

通过这一期大学校园读书会，我们希望在浓厚的学术氛围中，学生和教职员工能够深刻理解思考的不同模式，提高批判性思维水平，为个人和团队的发展注入更多的智慧和力量。

4.企业读书会

读书会是一种理想的增强企业凝聚力、提升员工整体素养、促进员工身心发展的形式。企业学习型读书会是企业内部组织的，旨在促进员工之间的学习和沟通。这种读书会可以涵盖职业技能、领导力发展等多个方面,通过共同阅读提升员工的综合素质和团队协作能力。

一期企业读书会策划举例:《团队协作的五大障碍》

读书会主题:强化团队协作,共同学习《团队协作的五大障碍》中的关键要素。

背景:在企业中,团队协作是提高绩效和创新的关键。读书会将以《团队协作的五大障碍》为引导,探讨团队协作的关键要素。

(1)读书会组织安排。

参与成员:公司员工,包括不同职能部门的员工。

时间:周五下午2点至4点。

地点:公司会议室,提供便利的阅读讨论场所。

图书选择:《团队协作的五大障碍》。提前通知员工购买或借阅该书。

互动方式:主题演讲、案例分享、团队活动等多种互动方式。

(2)读书会流程和内容。

欢迎和介绍(15分钟):主持人简要介绍《团队协作的五大障碍》的写作背景和本次读书会的目的,拉近员工之间的距离。

主题演讲:团队协作的五大障碍(30分钟)。通过专业演讲,介绍书中提到的影响团队协作的五大障碍。

案例分享:成功团队的经验(25分钟)。邀请公司内成功团队的代表分享团队协作的实际经验和取得的成就。

团队活动:协作挑战(30分钟)。设计一个团队协作挑战活动，让员工在实践中体验团队合作的力量。

个人体验分享（20分钟）：员工们分享在团队协作挑战中的体验和感悟，促进更深层次的交流。

问答环节（20分钟）：员工们可以提出与团队协作相关的问题，公司领导和团队代表给予建议，促进更深层次的思考。

总结和展望（10分钟）：主持人总结本次读书会的亮点，展望下一次的主题，并收集员工的建议和反馈。

通过这一期企业读书会，我们希望在企业文化中深植团队协作的理念，提高员工的协同效率，为公司的可持续发展创造更加有力的团队力量。

第 5 章
做自媒体读书账号,坚持复利阅读

夫事未有不生于微而成于著,圣人之虑远,故能谨其微而治之;众人之识近,故必待其著而后救之。治其微,则用力寡而功多;救其著,则竭力而不能及也。——《资治通鉴》

5.1 新媒体时代,用读书这个支点撬起生命之重

新媒体时代改变了我们获取信息的方式,也为我们提供了一个全新的机会来运营自己的品牌和价值。在这个时代,读书不再仅仅是一种提升自己的方式,它更可以成为自媒体运营的有力支持。樊登通过他的读书会聚集了一批热爱阅读的人,都靓通过精致的图书推荐激发了人们对知识的追求,赵健通过深入解读图书与亲身探访相关文化主体相结合打开了阅读新视野……无数的阅读爱好者和阅读推广人借由图书打造出了有影响力的自媒体品牌。

现在,请你来做一个测试,来探索如何用读书作为自媒体运营的支点。

请回答以下问题:

① 你是否运营着自己的自媒体平台?
② 你的自媒体内容是否包括了书的推荐和解读?
③ 你每周投入多少时间来阅读,并运用阅读的成果来丰富你的自媒体内容?
④ 你是否有意识地选择与你的自媒体主题相关的书来阅读?
⑤ 你是否认为阅读可以增强你的自媒体内容的深度和广度?

⑥ 如何平衡自媒体的运营、读书和其他生活要素？

请认真思考并记录你的答案。

通过这个测试，我们可以看到读书在自媒体运营中的价值。

坚持读书就像持续投资于知识资本，当你将所读的内容和见解通过自媒体分享，这些知识不仅能促进个人的持续成长，还能为更广泛的读者群体创造价值，实现知识和影响力的复利增长。这是一种智慧的投资，它将知识、兴趣和社交融为一体，使每一次阅读都成为一次价值的积累，就像金融领域中的复利效应一样，你的知识投资将指数级地回报于你。

在时代的喧嚣中，每个人都在忙碌地追求着自己的梦想，生活节奏变得越来越快，人与人之间的连接越来越薄弱，生活的压力也变得沉重。

阅读，在这样的时代里，变得与众不同。当我们开始阅读，它让我们停下脚步，静下心来，重新与自己和世界连接。

当我们分享阅读的喜悦和感悟，在文字的交流中，心灵相通，生活的重压似乎也变得轻盈。

让我们在新媒体的时代里，用读书这个支点，用读书的力量，撬起生命之重，重新找回生命的温度和节奏，把握住那些真实、深刻、有意义的瞬间。

5.2 IP定位，运用长板优势，找到离钱最近的路

《定位：争夺用户心智的战争》这本书中提出了一个关键概念：通过简单、重复的方式占领用户心智。如果在现有品类里无法做到第一，就可以新开一个品类、重塑一个品牌。在个人品牌塑造中，理解自己的独特之处并找到优势，是关键的一步。我们不仅要提炼自己的卖点，还要将这个卖点尽可能地呈现出来。

在竞争激烈的自媒体环境中，成功不仅取决于努力，更重要的是找到正确的方向。如何在众多内容创作者中脱颖而出，变得至关重要。

长板效应告诉我们要专注于自己的优势，让自己在某一方面变得不可替代。没有人能在所有方面都出类拔萃，但每个人都可以在某个垂直领域深耕，成为该领域的佼佼者。

在自媒体时代，如何运用长板优势给个人品牌做精准定位呢？

找到"长板"：深入自我反思，明确自己真正擅长的领域，或是真正感兴趣的方向，可以是写作、演讲、分析等。长板优势就是你与众不同的地方，是你的核心竞争力。可以运用SWOT分析方法来找到你的"长板"。

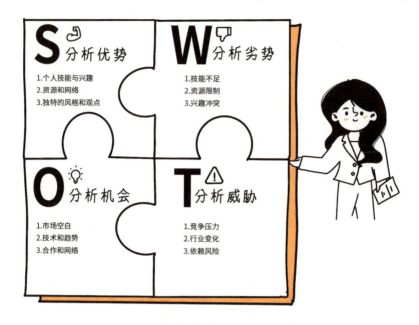

塑造差异性：人们都希望看到独特、具有认知增量和价值增量的内容。在自媒体的海量内容中，强调个人的独特之处，突出自己的优势，可以有效吸引用户的注意力。

专注深耕：将注意力和资源集中在自己的"长板"上，将它培养成独特的、不可替代的优势。

避免"短板陷阱"：不必纠结于自己的劣势或不感兴趣的领域，而是充分发挥自己的优势。对于自己的"短板"，可以寻找合作伙伴来弥补，提升整体效果；或者持续跟踪用户反馈，优化内容和战略，不断学习和成长。

总之，在自媒体时代，要想成功，不仅要找准方向，更要敢于深耕自己的优势领域，通过精准定位，形成自己的品牌，实现个人价值的最大化。这既是一种职业发展策略,也是一种实现个人梦想的捷径。

在公众号"丁玥读书"回复"长板优势",获取针对个人长板优势,结合读书账号构建个人品牌商业闭环的定位策略及具体步骤。

5.3 账号设置，取个好名字

明确了定位之后，接下来就可以做读书账号的基础设置了。

不管你选择做哪个平台，在了解相关平台规则后，都要进行账号的基础设置。这将为之后的内容发布做好必要准备。一个完整的账号基础设置包括账号名字、头像和个人简介。

1. 贴心建议：取个让人过目不忘的好名字！

对于一个新的账号，用户最先接触到的往往是名字。一个出色的名字能反映账号的核心价值并有助于传播。理想的名字应满足以下三个标准：

让人轻松记住。好的名字应让人一听便能记住。

与读书相关。名字中透露一丝书香味，让人一看就知道你是个爱书之人。

简单明了。在碎片化信息时代，简单易懂永远是王道。

建议：在名称中融入领域关键词，这样可以增加搜索曝光量。但要注意，选择名字时避免使用违规词汇或过于直白的吸引词。

2. 头像的小技巧：展现你的书香魅力！

头像是账号的"脸"，它在平台上代表你本人的形象。好的头像可以让用户快速记住你的账号，形成强相关的记忆。

如何设置一个好的头像呢？记住以下三点：

有意义。千万不要随便拿一张图片作为头像，而是要反映你的品牌调性。

有点书卷味。符合账号定位。可以用个人的头像做背景，或者选择与你喜欢的书或阅读主题相关的图片，展现你的个性。

让人眼前一亮。清晰、舒适，不需要太花哨，但是必须赏心悦目。

避免使用动植物、风景或卡通形象作为头像，因为这些内容不易与特定主题或业务相关联。

3. 写个吸引人的简介：告诉大家你是个书虫！

简介，就是你的自我介绍。它是补充账号信息的重要部分。用户进入你的主页后，除了名字和头像以外，最吸引他的就是简介了。

一个好的简介要满足以下三个标准：

直击要点。写上个人头衔，分享你的小成就或写上一两句格言表明你的价值观，或者简短地告诉大家你最爱的书或你的阅读领域。

不啰嗦。简洁明了,这样大家更愿意成为你的朋友。

有价值。展示你或你的账号可以为用户提供的价值。

友情提示:避免在简介中提供第三方联系方式,因为大多数平台都不推荐这样做。

当你完成名字、头像和简介"三件套"的设置,你已经为自己在这片书香世界里找到了一个小小的位置。记住,分享阅读体验需要热情和坚持,只要你坚持下去,不断学习,不断输出,每一本书、每一次分享都将是一次美好的经历。接下来在你的自媒体上开始阅读分享之旅吧!

100个读书号好名表

第5章 做自媒体读书账号，坚持复利阅读

视频号读书账号：

彭小六爱读书	老明读书、	为她读书	小用读书+践行、	好人读书	长江读书会

爱读书的小蜗	左岸读书	子涵读书时光	双语读书	书仪读书会	读书之光

苏菲讲书伴成长	小悟龟微讲书	讲书人静姐	何楚涵博士	意公子	赵健的读书日记

公众号读书账号：

读书369	365读书	总裁读书会	爱的道路读书会	笑薇读书	老齐的读书圈

UP读书会	深圳读书会	每晚一卷书	富兰克林读书俱乐部	众智图书馆	九久读书人

人文读书声	集思会读书	夜读	读书有范

小红书读书账号：

米兜要多读书	如月读书分享	小麦读书	书大痴的读书馆	铁铁的书架	书影知了

图书馆媛	小玄夜说书	云路读书	荐书人黄小顺	早见青野	天蓝读书

缓缓慢慢读	佳佳自律成长	林学长读书	谈亦默	PUMPING小书屋	读旅世界

盐系读书	Miisooon	阿鱼爱学习	等等读书	木小木的读书房	轻舟读书

酱紫的书屋	Dellen	散步的羊	少说话多看书	9月	魏小河

希伯的书旅记	可可读书成长	爱读书的小月亮	喔柠檬	热望的小书屋	纯粹读书

小浪书单	大Lulu的小书房	贝拉就是我	霍老师的精读笔记	四月书语

5.4 矩阵运营，多平台布局打开流量入口

众多的新媒体平台如雨后春笋般涌现，"新媒体矩阵"这个词汇也越来越为大家所熟知，但对于这个概念，每个人都可能有不同的解读。

对我而言，新媒体矩阵是一种触达受众的策略组合，涵盖了横向的广度与纵向的深度两个维度。

横向拓展：其目的是广泛布局，涵盖了自建的App、官方网站、社区论坛，以及众多流行的外部平台，如微信、微博、今日头条、小红书、抖音、视频号、快手和知乎等。

纵向深耕：着眼于某一特定平台进行深度运营，例如在微信这一巨头平台，你可以有订阅号、服务号、社群、个人号甚至小程序的组合。

那么，如何运用这样的矩阵策略，高效地吸引流量呢？

大概有以下6个步骤：

初步分析。首先要对自身在新媒体的发展阶段进行评估。在

启动期，选择一个高潜力的平台为先。而在增长期，可以逐步拓展平台以吸引更多的粉丝。

目标定位。对你的目标受众进行深入分析，了解他们的需求与偏好，进而优化你的账号和内容。

选择平台。清晰地了解每一个平台的特点、用户群体和优势，以确保你的内容与其相匹配，从而实现最佳的互动与转化效果。

明确目标。每个平台都有其独特的数据反馈，因此要根据平台类型设定相应的KPI（关键绩效指标）。

组织执行。不同平台可能需要不同的运营策略，因此要有针对性地进行人员分配，确保团队成员能够各尽其职。

反馈调整。持续收集并分析数据，以优化策略和内容，确保与受众的高效互动。

新媒体矩阵运营需要的核心能力很多，比如信息收集和分析能力、文案写作能力、工具使用能力、账号运营维护能力、账号涨粉能力等。新媒体矩阵运营是一个动态的过程，随时更新迭代，更是对能力和精力的巨大挑战。

个人的精力与能力毕竟有限。一个人没办法顾及多个平台，所以，做自媒体初期可以选择适合自己的一两个平台做精细化运营。聚焦运营，成长为头部号，反倒比较容易打开流量入口，做精做好之后有团队了，可以再逐步布局矩阵。

如果自媒体起初就是团队化或公司化运作，就很有必要做精矩阵化布局运营。

5.5 垂直深耕，4招构建优质内容素材库

著名散文作家秦牧说："一个作家应该有三个仓库：一个直接材料的仓库装从生活中得来的材料；一个间接仓库装书籍和资料中得来的材料；另一个就是日常收集的人民语言的仓库。有了这三种，写作起来就比较容易。"

我们在平时看文章的时候，经常会在好的文章，或者比较知名的作者的文章中发现，这些文章都旁征博引，总是有很多素材。你可能以为是别人的记性好，全记住了，其实不一定是记住，很多时候可能是别人记录下来了。

每一个优秀的写作者，都有一个属于自己的素材库。这样能保障他们持续写作，仿佛他们的灵感永远都不会枯竭。这个素材库的内容来源于日常生活，好的故事、好的句子、好的想法，以及灵感等，随手记下，日积月累，最后成为一个强大的素材库。

第一，一个强大的素材库，有哪些好处呢？

（1）可以给我们提供源源不断的灵感。

（2）节省写作时间，提高效率。

（3）保证文章的质量和稳定性。

第二，我们该如何建立素材库？

读书人垂直深耕自己的领域，以写读书稿为例，除了有鲜明的观点、清晰有条理的结构，在论证和表达观点的时候，我们还需要增加素材，对观点进行解释，这样才能调动读者进入语境，理解并信服我们文章中表达的意思。

这样的素材，可以是书里书外的故事，也可以是名言金句。

对于书里的故事，在进行速读和精读的时候，我们已经将其做好了标记并存入我们的素材库，搜索关键词就可以找到。书里的名言金句也是。当然不限定于这一本书，只要是利于观点表达的素材，可以将搜索的范围扩大一些，扩大到其他的书或者网络资讯。

提醒注意：

举例说明的素材尽量不要举自己或身边的朋友亲人当例子，最好就是当下的新闻、电影、电视剧、综艺，这样会比较有热度，并让读者有代入感。

第三，运用素材要注意"概述"和"引用"这两种方式。

概述，大略地叙述，对文章或事物进行概括表达。表达时注意用自己的语言，并且不要断章取义、曲解或改变原意。

引用，是指在说话或写作中引用现成的话，如诗句、格言、成语等，以表达自己的思想感情。引用可分为明引和暗引两种。明引指用引号标明并说明其出处来源的一种引用方法。暗引指不说明引文出处，而将其编织在自己的话语中，或是引用部分原句，或是只引大意。

运用引用的修辞手法，既可使文章言简意赅，有助于说理抒情；又可让文章富有文采，增强表现力。

第四，构建素材库的过程中需要养成良好的习惯。

（1）定期整理笔记。

（2）随时随地输入——在手机上看到好的文章，一键剪藏到印象笔记；在电脑上看到的素材，一键收藏到印象笔记；在书中看到好的金句和故事，概述或者原文引用，添加到印象笔记。

（3）利用便签、输入法、相机等工具随时记录灵感，学会观察记录生活。

罗马不是一天建成的，想要打造一个素材库，是需要每天去积累的，把收集到的信息统一归到印象笔记中，集中管理，利用好标签系统，随用随取。

收集素材是个耐心活，看到合适的素材后，多花个一分钟的时间将其加入素材库，后续写稿会轻松百倍。

下面以印象笔记建立素材库为例来讲一下实际操作。

临时取用素材，也许难以找到合适的。所以，平日里，我们需要做一项长期工作，那就是建立素材库。

1. "印象笔记"建立素材库流程

第一步，下载安装软件"印象笔记"。

第二步，自定义用户名、登录。

第三步，点击"＋"号，运用"文字笔记""超级笔记""手写""大纲笔记""拍照""提取文字""录音""附件"等方法，记录下第一条笔记（素材），并添加到自己的第一个笔记本，也可以自定义新建笔记本。

第四步，为第一条笔记添加新标签（以关键词命名标签，关键词命名时注意区分笔记类别、笔记主题。比如，就日常搜集的素材分门别类添加如下关键词：标题库、选题库、案例故事库、金句库、灵感库、开头库、结尾库、细节描写库等）。

第五步，可以为创建的笔记添加"关联笔记"，利于相同类别、主题的笔记检索。

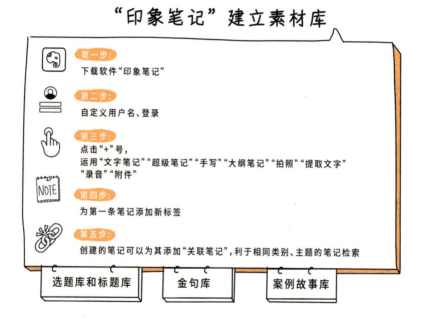

2. 剪藏功能

利用印象笔记中的剪藏笔记功能，可以一键把网页上的文章完整收录到印象笔记中，手机操作也非常简便：

打开印象笔记"剪藏笔记"功能,然后将网页上任一内容的网址链接复制粘贴填入,这个内容就剪藏到印象笔记中了。

3. 素材库中几个重要的门类的构建、搜索调用全过程

(1) 选题库和标题库。

选题相当于你想表达的话题范围,在选题之下可以拟定具体的标题。比如以极简生活这个话题为例,结合读《瓦尔登湖》,我曾发表过一篇文章,标题是《〈瓦尔登湖〉,余生最高级的活法是做减法》。

在实际写作过程中,有时候会找不到好话题来表达自己心中的想法,或者定好了选题方向却总是确定不好标题。但如果你有一个选题库,随时翻阅,寻找灵感,就不会陷入不知道写什么的焦虑之中。

构建选题库的时候,将选题作为大类,在每个选题的下面,逐条罗列好标题,这样当你准备写某一个选题时,可以参考之前收集到的标题,在查阅的时候,也很方便。

(2) 金句库。

金句,顾名思义,是像金子一样有价值、珍贵的话语,让人听了醍醐灌顶,又能铭刻心间的语言。

金句可以是古人的一句诗词,可以是当下热门节目中,主持人或嘉宾的一句精辟的感慨,可以是老一辈人街头巷尾聊天时的民间俗语,也可以是文豪书中的一段艺术描写。

为什么要强调金句呢?因为金句的作用有很多,它可以升华

内容、调动情绪、打动读者，也可以作为精辟的结语。金句运用得恰到好处，可以让文章更生动，关键地方更出彩。

文章中的金句能够在适当的时候唤起读者的注意力，缓解读者的阅读疲劳，吸引读者完整地读完文章，而不会只看了开头，就判定文章毫无含金量而关闭页面。

做金句素材库，可以参考选题库中的话题罗列法来进行，或者按照载体名称（如人物、图书）来逐条罗列。

（3）案例故事库。

我们在看别人的文章时，经常会发现他们在开头或者中间部分引用新闻事件、书里的故事、电影里的故事，或者是电视上面的桥段，这样文章内容显得丰富、生动，说理往往也更为通透可信。

我们平时要加强故事素材的搜集。好的故事素材，稍微改造，就可以为我们的文章服务。比如谈到婚姻爱情，我们会想到钱锺书和杨绛的故事；谈到读书，我们会想起古往今来那些伟大的作家；谈到坚持，我们会想到《阿甘正传》中的阿甘；等等。

怎么做案例故事库呢？比较简单的一种方法是直接用剪藏功能一键把网页上的文章完整收录到印象笔记中。这种方法的优点是快捷，但不利于在需要运用的时候快速找到素材。第二种方法，就是运用选题库中的话题罗列法。当看到一篇案例丰富或者故事引人入胜的文章，可以从不同角度进行拆解，把案例或故事分门别类，添加到契合的话题之下，以后调用素材的时候，会更加游刃有余。

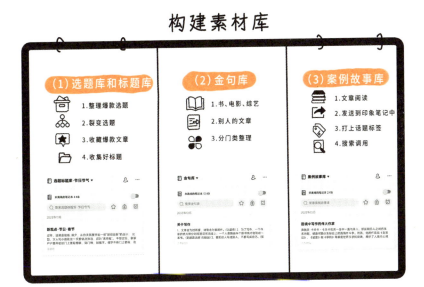

5.6 内容为王，从0到1打磨你的超级内容力

在新媒体时代，好的内容可以赢得无数的点赞和关注。而内容的本质是什么？它可以是知识点，也可以是观点。知识点必须是正确的。观点的输出可以多元化，只要你的文章切入点足够深刻、特别，便有价值。

"一千个读者就有一千个哈姆雷特。"这意味着每个人都可以根据自己的理解和经验，从不同角度输出内容、表达自己。那么，在这样一个内容为王的时代，我们应该如何打磨我们的内容呢？

在我的"7天上稿实战训练营"里，我把从读一本书到完成一篇读书稿的过程分解到7天，让每一个学习者都能循序渐进地创作出自己的高质量内容。

在指导实践的过程中，我总结了快速完成写作内容的常规7步：定选题、拟标题、搭结构、写开头、找案例、造金句、写结尾。

我们可以按照这7步，从0到1打磨你的超级内容力。

定选题、拟标题：

选题和标题是内容的灵魂。它们在很大程度上决定了输出内

容的质量。一个高效的方法是拆解已经很受欢迎的内容或"爆款"。模仿爆款，再加上足够多的创造性试验，你几乎可以获得100%的成功。

搭结构：

内容结构的清晰性对于读者理解内容至关重要。它帮助读者逐步跟随你的思路，理解并吸收信息。

常见的结构有并列式、层递式。

在大的结构之下，每一个部分也需要有清晰的结构，包括引入、案例+方法、理论支撑和总结升华。

写开头：

好的开头不仅要引起读者的兴趣，还要为整个内容设定一个背景和语境。根据首因效应，读者印象最深刻的是文章的开头，所以写好开头至关重要。

找案例：

人们总是喜欢具体的、真实的故事或案例。它们可以使你的观点更有说服力，同时也帮助读者更好地理解和记住内容。

造金句：

金句是那些让人眼前一亮，甚至让人觉得值得分享和记住的句子。它们增强了内容的吸引力，给予读者深刻的启示。

写结尾：

好的结尾要能够总结整个内容，并给读者留下持久的印象。根据峰终定律，人们对体验的记忆由两个因素决定：高峰时与结束时的感觉，因此内容的结尾部分非常重要，应该确保它同样具有冲击力。

在内容完成之后，你的工作还没有结束。为了确保读者更深入地参与和分享你的内容，还可以进行进一步的深化打磨，努力提高他们的"画线率"。突出方法总结、俗语金句、共鸣内容、反常识内容等都是有效的策略，能让你的内容更有深度和吸引力。

在新媒体时代，任何人都有机会成为一名出色的内容创作者。但是，要确保你的内容在众多的信息中脱颖而出，就需要仔细、持续地打磨。遵循7步法，你可以确保从0开始，逐步养成你的超级内容力。

从0到1打磨你的超级内容力

5.7 粉丝运营，用户思维轻松链接"1000个铁杆粉丝"

在读书领域的自媒体平台中，流量曾是所有人追求的关键词。每一个点击、每一个关注，都是我们的胜利。

我们不断寻找、研究热点，把握大众的阅读喜好，通过一篇爆款文章、一个热门话题或一次成功的活动等策略实现吸引流量的目标，比如，当一本新书上市，我们会赶紧推出相关的书评、摘录，以吸引大家的注意，然后再将这些流量引导到我们的私人领域。流量思维注重的是短时间内在公共领域中分享有趣和有价值的内容，借以吸引大量用户的目光。

当将用户吸引到私域，我们就有了无数与用户互动的机会。但更重要的是，如何进一步转化这些机会。

在旧的商业模式中，当一个交易完成，我们与用户的关系可能就此画上句号。但在互联网时代，让用户真正成为我们的铁杆粉丝才更具有价值！

要将吸引来的"泛粉"转化为真正的、铁杆的粉丝，这需要我们从流量思维转变到用户思维。

用户思维不是粗暴的流量收割，而是需要我们努力转变与粉丝或用户的关系，把客户关系转变成朋友关系，有效地与用户产生深度链接，实现用户运营上的拉新、留存、转化，从而进一步打开私域流量。

比如，我们可以为他们提供深入的图书内容分析，分享阅读的心得，甚至与他们一起组织线上、线下的读书会。

而社群，如微信群和QQ群，为我们提供了一个绝佳的平台。在这里，我们不仅可以与用户互动，还能鼓励他们之间交流。当一个用户因为我们的产品与另一个用户产生了深度的交流，他们也许会从普通用户转变为铁杆粉丝。

不过，这一切都需要我们进行精细化的运营。比如，为不同的用户群体提供针对性的内容，或是根据他们的反馈持续优化我们的产品。更进一步，我们还需要经常性地为用户提供个性化的服务，真正站在他们的角度思考问题，为他们创造更多的价值。

如何链接"1000个铁杆粉丝"呢？

首先，我们可以继续利用流量思维，捕捉当前的热点和趋势，为用户提供及时和有吸引力的内容。每当一本新书上市或者有一个新的读书活动时，我们都可以迅速给出自己的见解和推荐。

其次，转变思维。不再仅仅看到数字，而是看到数字背后的每一个真实的用户。尝试与他们互动，了解他们的需求，为他们提供真正有价值的内容。

再次，建立社群。例如，可以利用微信群、QQ群等平台，与用户建立更为紧密的联系。在社群中，我们可以更深入地了解他们的需求，与他们进行更紧密的互动，甚至可以组织各种活动，如线上读书会、线下沙龙等。

最后，持续优化。随着时间的推移，我们的内容、服务都需要进行持续的优化，以满足用户不断变化的需求。

总之，链接"1000个铁杆粉丝"并不是一个简单的任务，但只要我们真心对待每一个用户，持续提供有价值的内容，相信这个目标并不遥远。

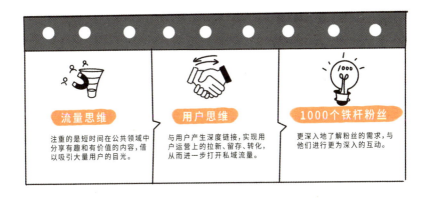

5.8
私域掘金池，持续高转化

私域，顾名思义，就是私有的领域。比如，微信公众号，微信小程序，自建App，私人社群（例如QQ群、微信群等）都属于私域的范畴。

私域的核心优势在于规避了第三方平台的干扰和成本，可以深入挖掘和精细化管理目标客户群体，精准地对免费沉淀、可被重复触达的用户进行营销活动，实现深度链接与持续复购。所以私域近年来已经成为许多品牌IP着力打造的"掘金池"。

私域运营是在用户池构建具有高黏度的社交关系，通过刺激用户产生需求，帮助用户决策购买，并在购买后进行社交传播，持续运营提升复购四步，形成一个闭环。总结成一句话，私域运营的关键就是：高质量的内容＋有温度的互动。

随着运营读书号的时间变长，你会慢慢发现，它从一个专门的内容载体和众多读书爱好者的聚集地，渐变为一个深具黏度的私域"掘金池"。那么如何运营一个持续高转化的读书号呢？下面我们就来探索如何构建一个私域模型，实现持续高转化。

1. 搭建私域模型，定位先行

在搭建私域模型前，一定要想清楚一个问题：运营私域用户，到底是为了什么？短期目标、中长期目标之间到底是什么样的关系？

只有想清楚了这个问题，我们在运营的前期阶段，才不会偏离方向。

比如做读书号，首先要确定读书号的方向和风格，是做文学小说、励志成长，还是历史哲学？要让它具有区别于其他读书号的独特"书味"。同时，带着目标思维以终为始来给自己的读书号定位，找到适合自己的细分赛道，为特定的读者群提供精准的内容。这就是搭建私域的第一步。要先思考运营的目的到底是什么？是做内容分享后吸引精准粉丝，在深度链接的基础上为他们做专业的知识付费，还是运营读书会？或者是提供与读者相关的其他服务？不论你的终极目的是什么，先分解它，通过阶段化运营，一步步达成目标。

把私域定位成转化的渠道，不过度关注短期内成交指标，而忽略用户的长期价值。提供给用户独特的价值，让用户进入私域用户池后，能够留下来、产生更多的交互行为，建立社交关系、信任关系，才有利于产品信息的传播，刺激用户的购买需求，帮助用户快速做购买决策，实现用户的购买和复购行为。

2. 建立你的数字"书房"

用户载体是私域的基石。现在的载体平台很多，包括公众号、视频号、企业微信号、个人微信号、社群、小程序等。这几种承载平台可以自由组合，承载的流量池越多越好，这样我们之后就可以多渠道沉淀。

3.吸粉引流：多元策略并进

我们需要想一下，我们的用户在哪里，以及如何才能吸引到这部分用户？概括而言，即公域抢用户＋平台导用户＋私域裂变用户。

引流的路径是找到用户—定渠道—定"钩子"—定话术。一般来说，简单直接的"钩子"引流效果最好，所以需要思考以下问题：

设定什么样的"钩子"能够解决用户最直接的需求？

引流路径当中每一步的引导话术是什么？

我要表达的内容怎么能够快速吸引用户？

（1）公域抢用户。

从微博、抖音、小红书、B站等公共平台吸引粉丝关注。

（2）平台导用户。

将各个平台通过不同方式吸引的粉丝，通过主动添加微信号等方式引流。

设置好的"钩子"，实物"钩子"或虚拟"钩子"都可以。比如发红包、给予会员权益、免费送礼物等。

（3）私域裂变用户。

常见的裂变玩法有转发、拼团、打卡、助力、抽奖、红包、集福、0元免费裂变等。虽然用户已经熟悉这些玩法，效果相比之前也大打折扣，但这些裂变玩法依然是当下低成本获取用户的有效手段。从投入产出比来说，依然是很适用的获取用户的方法。从活动设计、福利设置、话术规则、流程设计等方面，让用户感知到价值点，鼓励你的粉丝为你介绍更多的书友，而不是生硬、冰冷地拉人完成任务。

4.首次付费，让粉丝成为用户

你可以通过组织线上读书会、分享读后感，或者做一些图书的赠送活动，鼓励读者进行首次互动，让他们更深入地参与到你的读书号中来。然后在最短的时间内和用户建立信任关系，通过活动来实现用户的首次付费。

目前大部分用户没有在私域内消费的习惯。我们需要优化成交场景，让用户完整地体验私域的购买路径：接受产品信息—产生购买需求—做出购买决策—下单付款。需要注意的一点是，私域的首单一定要让用户有特权感和差异感。

这样用户加入我们的私域当中才有意义和价值，在完成首单转化之后，你也会拿到这个用户的基本信息数据，接下来就可以做一些定制化的服务和推送了。

在私域流量中，最具有价值的就是如何做一个重度客户的运营，挖掘单客价值，建立客户信任的线上成交模式。

我们需要不断做优化和调整，获得在私域场景里面可以持续转化的策略和手段。

5. 对于用户关系的建立、留存、复购

在私域里,要更关注和用户之间产生有温度的链接,提升持续复购率。而这就需要用内容"种草",持续性地批量生产内容。

说到内容,很多人第一时间想到的就是文章。把内容直接和文本画等号,局限了内容的含义。内容的表现形式,不仅有文本,还包括视频、音频、图片、H5、直播等。生产的内容形式及其组合表现形式需要根据目标用户群体的接受度来选择。

而在内容"种草"之外,还需要构建服务、价格权益差异化、会员成长体系,经营好用户金字塔中的20%核心用户。

通过定期与用户互动、发布高质量的读书内容、分享书单、答疑解惑,让你的私域变得"温暖",促进用户的留存和复购。

6. 创新裂变,开展"书友"推荐活动

设立推荐奖励机制,搭好场景,想好用户的参与动机和分享动机,基于种子用户的裂变,我可以想到的方法有群裂变、个人号裂变、公众号裂变。鼓励用户向他们的朋友和家人推荐你的账号,从而实现裂变。

7. 完善的数据系统和工具支撑

定期查看平台的数据统计,在私域用户池进行用户打标签、推送大量种草内容、推送产品信息、设置各种裂变流程、引导用户下单转化等运营动作。在这个过程中,了解到读者的喜好、活跃时间、互动热点等大量行为数据和结果数据。有了明确的用户

数据链条，我们可以通过运营策略、玩法设计、产品设计进行归因分析，干预用户的行为，不断优化业务数据模型，不断调整内容策略，从而达到我们的目标，确保读书号始终保持活力和高转化率。

第6章

化书成课课程打造,倍增变现阅读

如果知识派不上用场,学习还有何意义呢?——《费曼学习法》

6.1
化书成课，互联网上的掘金利器

我很感恩自己从2013年认知开窍就开始付费学习，每一次的学习，都能让我站在佼佼者的肩膀上极速跃迁，才有了今天我辅导更多的学员，让他们依靠读书写作、依靠知识变现实现月入过万的能力和底气！

作为一名阅读推广人，我经常分享一个观点：不要把书读死，读书远远比你想象的更有价值。投稿赚钱只是价值实现的初级玩法。而化书成课，才是互联网时代投入相对较小而回报极高的掘金方式。

现在，请你来做一个测试，来看看你对于化书成课的理解和态度。

好了，测试开始，请回答以下问题：

① 你是否曾购买过在线课程？如果是，购买的动机是什么？

② 你是否尝试过从书、文章等资源中整理、提炼内容，以便于分享或教学？

③ 你是否考虑过将自己的知识、经验转化为课程出售？

④ 你觉得化书成课在目前的互联网环境中有怎样的商业

前景?

⑤你认为化书成课需要哪些关键技能或素质?

⑥你更倾向于自己做课还是购买现成的课程?为什么?

说出你的答案或者写下来。

对照你的答案,来做一个自我分析。

通过这份测试,你会发现化书成课并不仅仅是一种学习方法,更是一种可以把知识转化为商业价值的掘金手段。

比如测试中的第三个问题,你是否考虑过将自己的知识和经验转化为课程出售?这不仅可以增加收入,还能让你的知识和智慧得到更广泛的传播。

或者第六个问题,你更倾向于自己做课还是购买现成的课程?不同的选择背后可能隐藏着你对于知识分享和商业运作的不同理解和价值观。

化书成课的过程涉及许多层面的技能和理解,包括内容提炼、教学设计、市场定位、用户需求分析、教学内容呈现、课程交付服务等。正因如此,它能够在现代教育和商业环境中占据一席之地。

怎样将书中的智慧真正转化为价值,这一测试或许为你提供了一些启示和思考方向。

也许你会想,我还没有做好准备,我感觉自己对于书中的知识掌握的效果还不足以支持我化书成课,创造价值!

这样的认知无疑是错误的,因为它会让你丧失读透、内化一本书最好的机会。

"学习金字塔"(Learning Pyramid)是一个描述不同学习方法效率的模型:

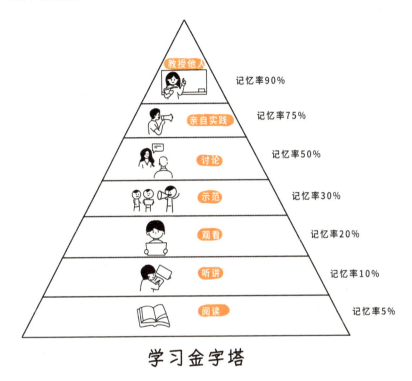

学习金字塔

教授他人被视为最佳的学习方式。所以,你完全可以通过这种方式不断地自我升级、成人达己。

当我们把从书中萃取的知识加上读书实践的经验做成课程教授他人,这一过程会锻炼你多方面的能力,多元化地升华你的认知。

首先,教授他人时,你会反复地描述和解释知识点,这种重复加强了记忆。

然后，你必须深入理解这些知识，从多个角度思考、对比和整合信息。你需要组织你的知识，将其整合成一个有逻辑、有结构的体系。这会提升你的深层处理信息的能力和知识结构化的能力。

接着，在即时的教学情境中，学员可能会提问或表达不解，你也会更关注自己的教学过程，发现自己的知识盲区和可以进一步优化的知识技能。这将锻炼你获取并重视反馈、不断复盘反思的能力。同时，教学过程常常伴随着与学生的情感连接，这种连接可以促进知识的分享更深化，从而让化书成课更有意义。

6.2
读书内化的3套秘笈

1. 做读书笔记

在知乎上有一个高赞问题：读过的书终究是会忘记的，那为什么还读呢？

我觉得重要的、应该考虑的不是忘不忘记的问题，而是怎样才能让读过的书达到由外而内、内化于心的效果。

古人讲，不动笔墨不读书。也就是说，让读书内化的最好的、最简单的秘笈早就大白于天下，就是做读书笔记。

做读书笔记的方式有很多种，在这里罗列几种便于操作的。

（1）随书手记。

所谓随书手记，就是说当你读到那些重点的、有价值的、有启发的，即那些让你有感触、有认知增量的内容时，可以随手在书上做"圈点勾画旁白批注"。这样，当一本书读完了，印象自然更深一些。重读时，因为有先前做的手记，能够很快回想起那些重要的信息，达到进一步内化的效果。

圈点勾画旁白批注

圈点	小圆点 ○○	生僻 (shēng pī) 生疏,不常见。将它的读音或解释批注在上边
勾画	波浪线: 〰️	描写得精彩或论述得好
	直线: ——	表示作者的观点
	波浪线 / 下面两条直线: ≈	打算摘录的内容
	虚线 ………	表示要着重理解的字词句
	一个问号 ?	表示有疑问或暂时不理解
	2个问号 ??	表示有疑惑需要认真思考
	三角形 △△△	发现了一些好词妙句
批注	概括式、感想式、赏析式、质疑式、补充式、联想式 "眉批":批在天头上 "旁批":批在书页两侧空白处 "夹批":批在字行的中间 "尾批":批在一段或全文之后	

（2）二次创作。

所谓"二次创作"，即指在读完原书内容的基础上，结合自己的理解和喜欢的表现方式，来进行创作。比较常见的方式有以下几种：

①图画二创法。

现在网络上很多自媒体读书号会将一本书的主要内容提炼成

如思维导图、视觉笔记等形式，因为这些表现形式能够简洁清晰地体现书的重点，所以很受大家喜欢。平常读书的时候，你也可以运用这种方式，画一画，能够很大程度锻炼自己对图书内容的提炼能力。另外，用图画的方式把内容呈现出来，较之文字的方式更能达到直观记忆的效果。

②文字二创法。

文字二创法实际上就是指在读完书后，把对书的感想、认知、评价等用文字进行表达。常见的有读后感、书评、读书稿、拆书稿。

读后感，即读完书后对于内容的一些感想，这些感想是主观的，常常会联系到自己的生活实际。

书评，主要内容包括分析书的内容、写法、特点、作者以及作品相关的创作背景、创造流派、风格等，提供给未读者关于书的阅读价值的信息。

读书稿，这种文体是基于书评衍变而来，比较常见于读书公众号。基于大众对公众号的阅读习惯，读书稿结合书评和读后感的内容而产生，久而久之，形成了独特的形式特点。它既有对书的评价、书的内容分享，也有写作者主观的解读。不过，为了达成比较好的传播效果，一般在做解读的时候，会倾向于迎合大众的阅读胃口，主要表现就是紧紧抓住大众痛点、爽点、关注点来进行创作。

拆书稿，顾名思义，就是把书的内容按照它原本的行文结构或者是解读人自己的理解，拆分成几个部分来解读。一般来说，按照书的篇幅长短和内容的复杂程度，可以把一本书拆成3篇到

10篇不等的文稿,每一篇文稿侧重于表现原书的一部分内容,可以就此提炼出独立的主题,串联成一个系列,或者按照原书内容剥笋式逐层解读。

③音频二创法。

如果你喜欢听一些有声平台的作品,就会发现,里面有很多关于读书的内容。很多作者会就自己喜欢的书,录制成有声读物或是听书稿(实际上听书稿的内容往往是从读书稿和拆书稿演变而来,只是在语言风格上更口语化、平实化,这样便于听众理解)。用音频二创的形式,一方面能够二次、三次,甚至多次重读一本书;另一方面,创作一条好的音频作品,需要充分地理解原书,甚至多方面地进行主题阅读。这样由外而内、由内而外的过程,将一本书读薄吃透再读厚,会更利于达成让书内化于心的效果。

④短视频二创法。

现在短视频是各大自媒体和社交平台都非常火爆的一种内容创作表现方式。在抖音、视频号等一些主流平台,一条有信息增量和价值增量的视频,有可能达成上亿级的浏览量,这往往是其他的表现形式难以达成的传播效果。

创作解读图书的短视频文案,借助这些公域平台发布,一方面能够锻炼自己的内容输出能力;另一方面,也能够建立有自己独特价值的读书账号。

2. 践行书中所学

对于任何一本书,真正地内化于心,学以致用是关键。

只有在读到一本好书之后，领悟书中所讲的方法、道理，并且将其变成指导自己行事做人的学问，那才是真正做到了把书内化于心。而且，这种内化的价值，将伴随我们的一生。

3. 化书成课

费曼学习法是被公认的世界上最好的学习法之一，它告诉我们最好的学习方式是教授他人。读完一本书后，要做到将书的精华讲授给别人，那必须是建立在自己对书的内容烂熟于心并内化之后有所领悟的基础之上。关于化书成课的具体方法，我们会在这一章接下来的内容里展开，希望能够帮你达到读书内化的目的。

6.3 课程定位，用超级概念打造爆款

打造爆款课程，核心在于将超级概念引入并围绕它进行整体的课程设计和宣传。下面让我们深入解析如何使用超级概念。

1. 什么是超级概念？

超级概念是一个简单、具有冲击力的核心思想，它能引起人们的共鸣，激发他们的兴趣，促使他们采取行动。当一个概念成为"超级"的时候，它容易被人们记住，可以迅速传播，并能引发人们深层的思考。

2. 如何找到或创造超级概念？

深入了解目标受众：了解他们的痛点、需求、兴趣和期望。超级概念往往与人们深层的情感和需求紧密相关。

关注行业趋势：观察行业当前流行的主题和趋势，看看是否可以提炼出一个超级概念。

测试与验证：可以在小范围内测试你的超级概念，看看受众的反应如何。

3.如何使用超级概念打造爆款课程？

课程内容围绕超级概念展开。例如，超级概念是"5分钟解读一本书"，那么课程内容应该围绕如何在5分钟内快速捕捉书的主要观点、5分钟解读一本书的技巧和方法、该方法的内在逻辑等展开。

讲述与超级概念相关的故事。例如，讲述我如何只用"5分钟解读一本书"，快速吸收大量信息，提高自己的知识储备，成为行业内专家的故事等。

设计引人入胜的课程标题和简介。如"只需5分钟，掌握一本书的精髓：现代人的快速阅读指南"。

结合实际操作和实践。确保学员不仅理解超级概念，还能在日常生活和工作中应用。

加入互动元素。例如，为"5分钟解读一本书"设计一个挑战，鼓励学员连续30天每天用5分钟解读一本书，并分享他们的经验和感受。

课程例子：

读完《微习惯：简单到不可能失败的自我管理法则》这本书后，以"微习惯"这个超级概念为例，结合书中的理念以及自己的实践经验，制定一套课程。

课程名称体现超级概念"微习惯"并塑造出它的价值："微习惯法则"——每天晚读晨写2小时，从读者到作家。

课程内容（目录）：

介绍"微习惯"的科学原理。

如何选择和制定自己的"微习惯"？

案例分享：作家们、丁玥以及学员如何通过"微习惯"改变生活的故事。

实践指导：如何确保每天执行"微习惯"？如何量化并跟踪进展？

与学员的互动挑战：例如，21天微习惯打卡挑战赛。

当你的课程能够围绕一个强大的超级概念展开，并为学员提供真正的价值和实用的技巧，它就有了成为市场上的爆款课程的潜力。

如果想参与完整实战体验，在公众号"丁玥读书"回复"共读营"，进本书共读营领书包课，学习案例：完整拆解本书化书成课全案，带你手把手将读过的书做成课

6.4 筛选优化，三维思考提升课程内容价值

好的课程需要在满足特定学习对象的需求的基础上进行策划、制定、打造，课程的设计要体现出应有的价值。另外，课程的内容要有清晰的主线逻辑。在化书成课时，我们可以从以下三方面考量，就书的内容以及自己读书后挖掘出的价值，做有针对性的筛选，以达到优化课程内容的目的。

1. 从课程主线的角度筛选优化

《微习惯：简单到不可能失败的自我管理法则》这本书总共有七章，主要内容包括微习惯是什么、大脑的工作原理、动力v.s意志力、微习惯策略、微习惯的独到之处、彻底改变只需八步、微习惯策略的八大原则。结合"微习惯法则"——每天晚读晨写2小时，从读者到作家这套课程考虑，可提炼的内容主要集中在第一章、第四章、第六章和第七章，我们可以借助作者写作这本书的结构思维和受众接受、掌握课程内容的习惯方式，选择那些明白易懂、便于实操的内容，并用恰当的逻辑将内容串联起来，体现出整套课程清晰的主线。

2.从学员洞察的角度筛选优化

我们必须考虑学员的需求,具体到课程而言,即对于微习惯这个概念,学员的普遍认知会集中在哪些方面,或者说,他们看到我们推出的这套课程,会认为哪些内容是能满足他们的需要的。

当我们化书成课的时候,能够从学员的角度考虑,以他们的立场洞察,比只是站在课程设计者或者课程老师的立场考虑自己想教授什么更有意义。

3.从价值匹配的角度筛选优化

依据前面两项思考对一本书的内容做了筛选之后,我们就已经从受众需求的角度规划出了课程内容,并且在组织课程内容时有了清晰的主线。但这样还不够,一方面因为原书可能涉及的内容较多,匹配到我们规划的课程主题,还需要做筛选;另一方面从受众角度思考,对他们有益的内容可能也不少,而一套课程能够包含的容量有限,面面俱到、不加取舍就无法突出重点。要做到让整体课程围绕主题,在内容的设计上更精炼,就必须从突出课程内容价值的角度对图书内容做筛选。把真正体现课程价值的内容提炼出来,不断打磨和优化!

6.5 课程规划,提升爆款指数

所谓课程规划,就是在化书成课的过程中,一开始就要建立起打造一门受众相对较多且服务对象精准、课程设计在内容上突出价值点的课程制作及运营的思维和方法。具体来说,可以从以下三个方面着手。

1. 点燃学员的学习热情

(1)唤起需求:课程规划的第一步是了解学员的痛点,明确问题并提供解决方案。通过调研,挖掘学员所面临的挑战,将这些问题呈现在课程前期,让学员意识到自身的需求,从而激发学员学习的紧迫感。

(2)激发动机:在课程设计中融入个人成长的动机,凸显学员通过课程学习能够取得的具体成果。制定明确的学习目标,并通过案例分析、成功故事等,激发学员对课程的渴望和期待,使其主动追求知识。

(3)引导参与:创造互动机会,通过问答、小组讨论、实践任务等方式引导学员参与课程。积极互动能够增强学员的学习体验,让课程更具吸引力,提高学员的学习积极性。

(4)关联经验:将课程内容与学员已有的经验联系起来,建立关联，使学员更容易理解和接受新知识。通过实际案例、行业趋势分析等方式，让学员在学习中找到熟悉感，增强学习的实用性和可操作性。

（5）畅想未来：引导学员对未来进行畅想，明确学习后的职业发展路径和个人能达成的成就。通过展示远大的行业前景、专业技能的市场需求等，激发学员对未来发展的向往，从而提高他们对课程的兴趣和期待。

2. 塑造课程的学习价值

（1）认知价值：突出课程的认知价值，明确课程对学员认知水平的提升。通过设计清晰的知识结构，合理安排课程内容，确保学员在学完课程后能够获得系统、深入的专业知识。

（2）实践价值：强调课程的实践性，让学员能够将所学知识实际应用到工作中。通过案例分析、项目实战等方式，提高学员的实际操作能力，确保课程对学员的职业发展有实质性的帮助。

3. 进行课程的品牌运营

（1）专业度评估：确保课程内容的专业性，通过邀请业内专业人士参与课程设计或评审，提高课程的专业水平，增强学员对课程的信任感。

（2）品牌标签：确立课程的独特品牌标签，通过精准的定位和独特的教学理念，使课程在市场上脱颖而出，吸引目标学员的关注。

（3）学员需求分析：不断进行学员需求调研，及时调整课程内容和形式，确保课程与学员需求保持紧密关联，提高课程的市场适应性。

（4）授课渠道规划：确定适合目标学员的授课渠道，如线上平台、线下培训等，以便更好地触达目标受众，提高课程的曝光度和影响力。

（5）配套产品或服务：提供与课程相关的附加价值，如教材、工具包、在线社群等，增加学员的购买欲望，提升课程的整体价值。

（6）差异化优势：明确课程的差异化特点，突出与其他同类课程的不同之处，以此作为品牌的竞争优势，吸引更多学员选择该课程。

（7）讲师包装策略：通过对讲师的专业形象、教学风格等方面的包装，提升课程的教学品质，增加学员对课程的信赖和认可度。

6.6
重构框架,把课程主线凸显出来

在课程规划中,重构框架是关键一环,它决定了学员学习的脉络和深度。通过凸显课程主线,我们能够让学员更清晰地理解概念性、流程性和方法性知识的转化过程。

1. 概念性知识的转化

在概念性知识的转化中,关键在于抓住超级概念,将其作为课程的基石。这些核心概念将贯穿整个课程,串联起各个知识点,形成一个有机的知识网络。通过实例和案例,深入解析超级概念的实际运用,使学员在课程中逐渐具备将抽象概念转化为具体实践的能力。

2. 流程性知识的转化

流程性知识是课程的重要组成部分。为了凸显课程主线,我们需要以简明的方式展现整个知识流程。通过清晰的图表、逻辑脉络,学员能够一目了然地理解知识的组织结构,把握整体思路。通过实际案例和练习,加深学员对流程的理解,确保他们能够灵活运用这些流程知识解决实际问题。

3.方法性知识的转化

对于方法性的知识,我们要在简明的流程基础上加上具体实施指导,将理论知识与实际操作相结合。通过示范、演练、实战等形式,引导学员深入理解方法的实际应用。为了凸显主线,我们将方法性知识有机地融入整个课程,使学员在学习的过程中能够清晰地看到每个步骤如何贯穿整个知识体系。

通过以上重构框架的方式,我们能够更好地把课程主线凸显出来,让学员在学习过程中更容易理解和掌握知识的转化过程,提高学习效果和实际应用能力。

6.7
做课流程与工具，标准化创建一门好课

化书成课，标准化创建一门好课，简要地说包括以下6个步骤：

第一步，定位受众，分析受众需求，针对需求定下课程主题。

第二步，搜索素材，寻找到相关的书籍，完成内化，根据课程主题进行阅读并拆解书，提炼适合的内容。

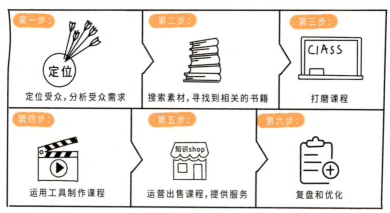

6步标准化创建一门好课流程

第三步，打磨课程：用超级概念明确课程主题，筛选优化提升内容价值，重构框架突出课程主线，拟定大纲并按照课程规划

提升爆款指数。

第四步，开始运用工具制作课程。

第五步，运营出售课程，提供服务。

第六步，复盘和优化。

当我们做好了前面3步，就要开始把准备好的内容制作成课程了，相关步骤如下：

(1) 优化确定课程标题（此部分会放在课程发售小节详述）。

(2) 优化确定课程目录（此部分会放在课程发售小节详述）。

(3) 明确课程呈现方式。

(4) 完成课程逐字稿。

(5) 进行编辑或录制。

根据呈现方式的不一，需要用到的工具也不尽相同。

图文课程，可以直接用WPS进行编辑，键入文字，相关的图片直接插入使用即可。如果图片需要简单的设计和编辑，WPS里面有相关的作图软件。操作起来也很简单。

音频课程，需要根据目录将课程逐字稿录制成一节节的音频。一般用手机录音功能就可以实现，有条件的可以运用专业的录音设备，如电脑、声卡、话筒、耳机和录音软件来完成，这样音频质量更高。

视频课程，需要在课程PPT制作好后，对照课程逐字稿进行讲解。可以运用专业的录课软件来实现。在WPS里制作好PPT

后，可以直接运用PPT转录课，效果不错，用起来也方便。

直播课程，需要写好课程直播大纲、课程逐字稿，然后将制作好的PPT和真人直播一并呈现，可以用工具小鹅通来实现；如果是图文直播或者音频直播，则人可以不入镜。另外还可以运用其他社交平台软件实现直播，比如抖音号、视频号、小红书等，这些平台适用于公开课。内部学员的学习选择专门的工具软件显得更专业，一般用小鹅通、荔枝微课或者腾讯视频会议等。

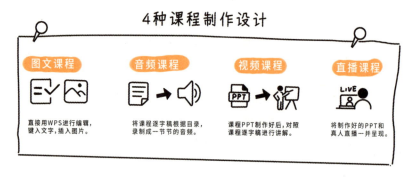

6.8 课程多维运营模式

怎样运营好化书成课产品,才能在竞争激烈的知识付费市场中占据一席之地呢?可以从以下三个方面来着手。

1. 线上课程运营

在进行线上课程运营之前,首先应该考虑的是根据客户需求打造课程,确保在内容上实现清晰的差异化,并且为了能够吸引和服务不同层次的客户,对于课程的打造需要采取产品的组合策略。通过这种方式,吸引不同细分市场的客户,提高产品的整体市场覆盖率,为后期课程品牌的运营奠定坚实基础。

有效的产品组合策略,可以设计以下四种课型来支持运营:

(1) 引流课。引流课是专门设计来吸引潜在学员的课程。通常通过免费分享、低价促销、买一送一、拼团购买等方式,引导用户踏入这个"用户池"。在建立了用户池之后,根据用户的需求,提供实战性质的付费课程,以帮助用户解决实际问题。

(2) 回报课。回报课是经过系统化的课程设计与开发,具有较高含金量的课程。这类课程不仅能够帮助学员解决面临的问题,达成特定目标，还提供与课程相关的教学服务和配套的工具模板。所以这类课程价值比较高，利润相对比较高。

（3）福利课。福利课是一种巧妙的课程设计，通常情况下，福利课与回报课相互搭配，使购买回报课的学员感受到更大的实惠。

（4）人气课。人气课旨在凸显个人品牌的影响力，以扩大学员群体，提升整体课程在市场中的份额。随着你的课程曝光度不断提升，更多人会认知到你具备讲授这门课程的能力。同时，线上课程的参与人数增多，进一步展示了你在领域内的实力和影响力。

那么，如何有效地积累学员人数呢？你可以创建一系列"聚焦问题"的微课程，明确定义目标学员在读书和写作过程中可能遇到的典型问题。

首先将这些问题列成清单，然后为每个问题提供解决方案。每一门微课程都专注于解决一个具体问题，学员只需点击相应的微课，即可得到有针对性的解决方案。

其次是定位的选择。如果你打算推出高价课程，那么应该将目标人群定位在高端市场，注重质量和个性化服务，打造精品课程，即回报课。

而如果你计划推出传播率高、覆盖面广的低价课程，就应该结合用户需求，创设有趣又实用的引流课程，以迎合"用户痛点"。这种低价引流课程旨在吸引更广泛的受众，通过提供有价值且易获取的内容，提高课程的传播力和吸引力。

再次是客户运营。

（1）获客及转化。

内容吸引：通过运营自媒体平台进行持续的、有价值的内容分享，吸引精准粉丝。

事件营销：策划吸引人的活动，提高线上课程的知名度。

用户传播：通过物质奖励或激励手段，鼓励学员自发在其社交圈内进行课程传播。

多点分销：制订多层次的分销计划，鼓励合作伙伴和渠道多方位推广线上课程。

（2）留存及促活。

设定学习目标：根据学习时长、课程数量等指标，设定学员学习目标，并通过打卡、积分等方式记录学习进度，根据表现给学员发放奖励或提高其社群等级，激发学员的学习积极性。

互动积分制度：根据学习、留言、转发等互动表现向学员发放积分，设定积分兑换机制，例如提供优惠券、赠书资格、购买优先权等，帮助学员养成积极参与的习惯，提高留存率。

知识资产库：学员的学习笔记、培训感悟以及群互动留言构成了有价值的知识资产，积累形成与课程相关的信息库。

个性化学习规划：利用学员长期学习数据，深入了解其能力模型、知识体系、兴趣偏好等，为学员提供个性化的认知拓展和学习规划，加强留存意愿。

（3）深度用户运营。

在知识付费产品领域，与用户建立长期深度联系是提升核心竞争力的关键策略。除了不断提升课程本身，还可以在教学服务方面进行巧妙延伸。

优化互动体验：完善与课程相关的作业练习、讲师问答和结业测评等互动环节，以提高学员的参与感和互动体验。

提供全面服务：提供课程资料包、社群话题讨论以及神秘嘉宾分享等课程配套服务，以加强学员的参与感和获得感。

社群分层运营：通过社群分层运营的方式，将具有相似兴趣或知识结构的学员聚集在一起，引导他们通过问答、评论、探讨等方式建立互助的社交关系，以满足用户共同学习和互动交流的需求，同时也有利于提升整体学习体验。

丰富品牌活动：举办主题多样、类型丰富的品牌活动，提升学员的品牌荣誉感，激发学员传播的愿望。

2.线下课程运营

虽然线上课程逐渐成为学习的新选择，但线下课程依然在传授知识、建立互动和提供实践经验方面占有独特优势。在这个充满创新机遇的时代，线下课程运营变得愈发重要。

（1）突破创新边界。

线下课程运营的首要任务是通过创新不断突破边界。这包括在课程形式、内容设计以及教学方法上实现创新。线下私房课、商业公开课和沙龙活动等形式的引入，为学员提供更贴近实际需求的学习体验。通过不断挖掘创新元素，课程能够更好地满足学员的期望，创造令人难忘的学习时刻。

（2）构建价格标杆。

线下课程在定价上要精准合理，既要考虑学员的支付能力，又要确保课程的品质和服务价值。通过自主运营线下私房课或商业公开课，形成价格标杆，不仅有助于课程的迭代优化，还能够吸引更多有识之士参与。一个合理设定的价格标杆既是对课程价值的体现，也是吸引学员的有效策略。

（3）打磨课程品质。

课程品质的提升是线下课程运营的核心。在课程定位、介绍编写、教学方式选择等方面，都需要经过精心的策划和打磨。通过反复的试讲和学员反馈，及时优化课程内容和教学方法，形成深度优化的线下私房课。精雕细琢的课程才能真正达到学员的期望，建立起品牌影响力。

（4）积累忠实粉丝。

通过线下私房课或商业公开课的持续运营，可以积累一批忠实的粉丝群体。这些粉丝不仅会成为课程的长期学员，还会通过口碑传播，为课程树立良好的声誉。忠实粉丝的形成不仅使课程运营更为稳健，也为进一步的推广和拓展提供有力的支持。

在线下课程运营的道路上，创新、定价、品质和粉丝关系的建立是不可或缺的元素。通过这些策略，线下课程将迎来更广阔的发展空间，为学员提供更丰富、更有深度的学习体验。

3. 书课多维运营

下面分享几种书课融合运营的常见模式。

（1）主题式读书会。

主题式读书会是一种以特定主题为核心，围绕相关图书展开的学习活动。通过定期组织，以共同阅读和深度讨论为形式，旨在构建学习社群，促进学员深入思考，提升对特定领域知识的理解。

模式：

主题预设。确定每次读书会的主题，可基于热门话题、行业趋势或学员需求。主题要具有一定深度，能够引发学员的兴趣和思考。

书单策划。策划与主题相关的优秀书单，确保涵盖不同层次和角度的内容。为学员提供书单，便于其提前准备和深入阅读。

线上线下结合。利用线上平台组织线上读书会，提供灵活的参与方式。对于线下读书会，选择合适的场地，创建良好的学习氛围。

流程：

主题确定。根据预定周期确定每次读书会的主题。主题选择应符合学员兴趣，关注当前热点。

书单公布。提前公布与主题相关的书单，给学员充足的准备时间。在平台上分享图书简介和推荐理由，激发学员阅读兴趣。

在线预热。利用线上社交媒体，预热主题，引发学员互动。鼓励学员分享对主题的看法，扩大活动影响。

线上读书会。通过线上会议平台，组织在线读书会。由主持人引导，学员围绕主题展开深度讨论。

线下交流。对于线下读书会，提供交流环节，促进面对面的深度互动。创造轻松愉快的氛围，加强学员之间的互动。

总结分享。读书会结束后，组织学员进行总结性分享。可以邀请专家进行结业讲座，强化主题的学习效果。

优势：

深度学习。通过围绕主题的深度学习，提高学员对特定领域知识的深度理解。

社群效应。构建有共同兴趣的学习社群，促进学员间的深度交流与合作。

灵活参与。线上线下结合，给学员提供更灵活的参与方式，满足不同需求。

注意事项：

主题选择。主题应具有足够吸引力，符合学员的兴趣。定期调查学员需求，确保主题选定的时效性。

互动引导。主持人须善于引导讨论，确保学员积极参与互动。提前准备问题，促进深度思考与交流。

场地环境。确保线下读书会场地环境舒适宜人，有利于学员交流与学习。线上平台要稳定，确保在线读书会的流畅进行。

通过建立主题式读书会，创造深度学习氛围，激发学员的思考与讨论，既能够提升学习效果，又可以增进学员之间的社群感与互动。

（2）问题研讨读书会。

问题研讨读书会是一种结合图书阅读与问题研讨的活动模式。通过挑选特定图书，组织学员深度阅读并在活动中集中讨论书中的问题，促进学员思考，解决问题，提升学员的综合素养。

模式：

选书明晰。选择能够引发学员思考问题的书，确保内容丰富而有深度。活动期间重点关注书中的问题点。

问题导向。将读书会的讨论重点放在书中引发的问题上，引导学员思考。提前设定问题，组织讨论环节，引导学员深入研讨。

小组互动。设定小组研讨环节，鼓励学员在小组中交流对问题的看法和解决方法。通过小组互动，促使学员分享多元观点。

问题解答。着重讨论书中的问题，并通过小组研讨，引导学员找到问题的答案。请专家或主持人引导学员，确保研讨过程有深度和广度。

流程：

选书策划。由组织方选择具有问题引导性的书，制订研读计划。通告学员选书和问题，提前准备。

问题导向研读。活动开始后，引导学员根据书中的问题点进行研读。设定问题导向的研讨环节，激发学员思考。

小组互动研讨。小组内部展开问题研讨，学员分享自己的观点和解答。请专家或主持人点评，促进研讨深度。

问题解答总结。活动结束前，对问题进行总结和解答，强调学员的收获。给学员提供进一步深入学习的建议。

优势：

问题引导。通过明确的问题设定，引导学员深入研读图书，增加学习深度。

思辨能力提升。通过问题讨论，培养学员的批判性思维和问题解决能力。

小组互动。小组研讨促使学员在小范围内深度交流,分享不同观点。

注意事项:

问题选择。选定书时,须确保其中有具有挑战性和引发思考的问题。

专家引导。活动中应有专家或主持人引导,确保研讨有深度和广度。

学员参与。鼓励学员积极参与,分享自己的观点和解答。

问题研讨读书会是一种注重问题引导和互动研讨的活动形式,通过深度阅读和问题解答,提高学员的思辨能力和解决问题能力。

(3)社群共读会。

社群共读会是一种基于社群的读书活动,通过在线或线下社群的方式,组织一群人共同阅读一本书或一系列相关的书,通过交流与讨论深化对图书内容的理解,形成共同的学习体验。

模式:

社群组建。创建一个在线或线下的社群平台,邀请对特定主题或领域感兴趣的成员加入。

图书选择。社群共同决定要阅读的书,可以通过投票、讨论等方式选定。

定期阅读计划。制订每周或每月的阅读计划,明确阅读章节和时间节点。

讨论和分享。在社群中设定讨论时间,成员共同讨论书中内容,分享自己的理解和感悟。

活动衍生。可以通过社群共读引申出更多的活动，如专题讲座、线下沙龙等。

流程：

社群建立。创建一个适宜的平台，吸引感兴趣的人加入社群。

图书选择。社群成员投票或讨论选择下一阶段共读的书。

定期计划。制订阅读计划，明确每次活动的时间、内容和形式。

讨论与分享。定期进行线上或线下的讨论，共享个人阅读心得，交流看法。

社群互动。鼓励社群成员积极互动，提出问题、分享资源，促进更深层次的交流。

优势：

社交互动。社群共读会建立了紧密的社交网络，促进成员之间的深度互动。

协同学习。通过群体智慧，促进协同学习，不同视角的分享能够拓宽思路。

持续学习。定期的共读计划激发学习兴趣，推动成员持续学习。

注意事项：

平等尊重。社群中每个成员的观点都应受到平等尊重，避免批判性言论。

活动定期性。保持活动的定期性，避免活动时间间隔过长，导致社群凝聚力下降。

提供引导。在讨论中，提供引导性问题，激发成员进行更深层次的思考。

社群共读会通过社群的力量，提供了一个共同学习、交流和分享的平台，让参与者在共读中获得更多的收获。

(4) 好书领读会。

领读是一种由专业讲师或行业大咖带领的读书活动，通过专业解读和引导，为参与者提供更深层次的阅读体验，旨在引导学员更深入地理解和运用书中内容。

模式：

专业导读。聘请具有相关领域专业知识的导读人员，如行业专家、作家、学者等。导读人员担任主讲角色，对图书进行深入解读，分享个人见解。

线上线下融合。提供线上直播或网络研讨的形式，方便全球范围内的学员参与。在一定时期内，开展线下讲座或研讨会，加强面对面的互动。

问题互动。在导读过程中鼓励学员提问，导读人员及时解答疑惑。利用在线平台或会场设立互动环节，促进学员之间的交流。

流程：

图书选择。确定要阅读的书，并在提前通知学员的同时提供相关阅读资料。通知学员参与领读的方式和时间。

专业解读。导读人员进行专业解读，重点突出书中的主要观点、理论和实际应用。在解读中引导学员思考，激发深层次的思考。

线上直播/线下互动。如果是线上领读，通过平台进行直播或研讨，利用实时互动功能；如果是线下领读，提供现场参与机会，鼓励面对面讨论。

问题答疑。导读人员接受学员提问，解答疑虑，促进学员更深入的理解。在线平台上设置留言板或问答环节，方便学员随时提出问题。

总结分享。活动结束后，导读人员进行总结和分享，强调重要知识点，给学员提供进一步阅读或深入学习的建议。

优势：

深度解读。提供由专业人员进行的深度解读，使学员更全面理解书中内容。

互动参与。通过互动环节，促进学员之间的交流，增加学习的趣味性。

灵活性。线上线下融合的模式，更灵活适应不同学员的时间和地点需求。

注意事项：

导读人员素质。导读人员需具备丰富的专业知识和解读经验，确保领读活动的质量。

学员参与度。设计引人入胜的互动环节，提高学员的参与度和活跃性。

时间和频率。确定领读的时间和频率，提前通知学员，方便其做好准备。

通过领读活动，学员能够在专业人员的引领下更深入地理解书中知识，获得更为丰富的学习体验。

（5）多元阅读分享会。

多元阅读分享会是一种以多元性为特色的读书活动，参与者携带各自感兴趣的书，通过分享和交流，达到共同学习、启发思考的目的。分享会应注重多样性，使参与者能够接触到不同领域、不同主题的知识。

模式：

携带图书。参与者自选一本或多本自己喜欢的书，可以是小说、专业书、杂志等。

分享与交流。每位参与者都有机会向其他人分享自己所带书的内容、观点，交流阅读心得和体会。

多元性突出。鼓励参与者分享各种领域的书，促使多元化的知识碰撞和思维碰撞。

流程：

欢迎和介绍。主持人简要介绍活动的目的和规则，欢迎参与者介绍自己携带的书。

分享环节。参与者在有限时间内可以结合活动组织方提供的结构化方式介绍自己手中的书，比如分享书名、作者、创作背景、主要内容，以及阅读收获、书中印象最深刻的一个故事或核心观点、精华内容、推荐理由等。

自由交流。参与者自由交流，可以提问、评论，分享对其他书的兴趣和看法。

总结与展望。活动结束前，进行总结，表达对下次活动的期待。

优势：

知识多元性。参与者有机会接触到各种不同领域的知识，拓宽思维边界。

建立社交网络。通过分享和交流，建立起拥有共同兴趣的社交网络，促进人际交流。

启发思考。多元的分享内容能够激发参与者的思考，带来新的视角和观点。

注意事项：

尊重他人选择。鼓励分享，但尊重每个人的读书喜好和选择。

活动时间控制。控制每位参与者分享的时间，确保活动顺畅进行。

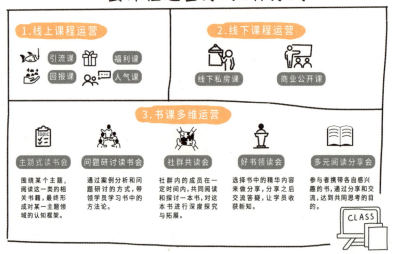

公平交流。确保每个参与者都有充分的机会分享和发表意见。

多元阅读分享会通过与众不同的模式,为参与者提供了一个多元智慧交融的学习平台,促使知识的分享和交流在活泼开放的氛围中展开。

6.9 课程发售

这是一套行之有效的课程发售方案,它的灵感来自我的课程发售合作伙伴——"分销王子"罗光现,他是卖课圣经俱乐部创始人,曾创造过"24小时裂变4437人,发售课程进账40万元;3天裂变3267人,发售新书1286本"的案例。他曾与我合作,为我的课程"书评变现营"组织过发售。

1. 准备期

(1) 针对需求策划、制作课程;

(2) 课程上架知识店铺,完善配套服务设置(课程班主任、作业、营销分佣等);

(3) 课程海报制作。

运用成交五步法设计课程海报:

第一步,吸引注意。通过引人入胜的设计和引人注目的标题,让海报在瞬间抓住目标学员的眼球。

第二步,诱发兴趣。利用图片、图表、数据等元素,展示课程的独特之处,引发潜在学员的浓厚兴趣。

第三步，建立信任。明确展示老师的专业背景、经验，通过证书、成果等方式建立潜在学员对老师的信任感。

第四步，刺激欲望。突出课程的实际收益和应用场景，激发潜在学员对课程的期望和欲望。

第五步，催促行动。引导学员采取行动，比如提前报名、了解更多详情等，通过明确的呼唤行动推动学员参与。

课程打造凸显四个重要的点：

①课程取名：课程取名三公式。

运用"美好结果＋内容定位""超级符号＋内容定位""人群标签＋内容定位"三个公式，确保课程命名吸引目标学员。

以我的"书评变现营"为例，运用以上三个公式来取名：

"美好结果＋内容定位"——《智慧财富之路：书评变现营》

"超级符号＋内容定位"——《读书点灯人计划：开启书评赚钱的璀璨之路》

"人群标签＋内容定位"——《从小白到职业读书人：书评变现全攻略》

②课程大纲：将梦想路径和欲望标题巧妙融合，呈现清晰而引人入胜的课程大纲。

以我的"书评变现营"为例，运用以上方法来撰写课程大纲：

领书妙方：1个方法，让出版社高高兴兴地给你免费寄书；

书评模板：5个步骤，直接套用就能写出快速上稿的书评；

收钱案例：2次拆解，教你像高手一样写完就有稿费入账；

变现模式：10种方式，把读过的每一个字都变成口袋里的钱。

③老师介绍：突出老师的资历、教学风格等方面的优势，建立学员对老师的信任。

④课程详情：使用引人入胜的文字和图文结合的方式，详细介绍课程的详细信息。呈现课程详情包括学习时间、学习流程、痛点呈现、学习对象、课程优势亮点、学员反馈、学习奖励和购买须知等信息。

2. 唤醒期

在唤醒期，我们通过精心策划的自媒体宣发和线上线下相关活动，吸引粉丝的关注，提升他们对课程的兴趣，同时建立潜在学员对老师和课程的信任。

（1）事件营销。

精心策划独特而引人注目的事件，通过社交媒体、线上平台发布，引发粉丝讨论和关注。

创造性地利用活动激发潜在学员的好奇心，让他们对课程有更深入的了解。

（2）短视频触发。

制作生动有趣的短视频，以轻松幽默的方式展示课程亮点，吸引学员的关注。

利用短视频平台的特性,快速传递课程信息,引导潜在学员参与。

(3)文字唤醒。

运用富有感染力的文字内容,通过自媒体平台发布各类内容,包括老师的学习心得、行业趋势分析等。

通过文字表达让潜在学员感受到课程的实际收益和独特价值,引发共鸣。

(4)直播吸引。

通过直播形式,让老师展示课程的教学风格、专业知识,直接面对观众进行互动。

利用直播平台的实时互动功能,解答潜在学员的疑虑,加深他们对课程的了解和信任。

在唤醒期,我们的目标是在不同平台上展现多样化的内容,通过各种形式的活动引发潜在学员的兴趣,同时借助直播和文字传递更深层次的信息,确保潜在学员能够深入了解课程的内涵和实际收益,从而积极参与课程。

3.裂变期

在裂变期,我们着眼于通过引导种子用户的参与,让其转发、分享,从而扩大课程信息的触达范围,吸引更多潜在学员的关注。

(1)引导种子用户。

通过激励计划,鼓励课程的早期参与者成为种子用户,为其提供独特福利,如折扣、优先体验等。

制定明确的引导策略,让种子用户认可课程的价值,激发其积极参与并分享的主动性。

（2）转发与分享。

制作有趣、引人入胜的转发内容，包括精美海报、吸引眼球的视频等，方便用户分享到不同社交平台。

设计优质的分享链接，通过分享激励机制，鼓励用户积极传播课程信息，引导更多人了解课程。

（3）社交互动活动。

通过线上线下社交互动活动，促使种子用户与其他潜在学员建立联系，形成社群效应。

创造性地设计参与型活动，让用户感受到分享课程信息的乐趣，提高他们主动传播的欲望。

（4）激励机制。

设定裂变期的激励机制，比如转发抽奖、邀请好友专属优惠等，提高用户参与度。

创新激励形式，使得用户分享课程信息不仅是一种社交行为，还能够得到愉悦，有所收获。

在裂变期，我们的目标是最大化种子用户的社交价值，通过其广泛的传播，将课程信息推广到更广泛的受众中，为课程吸引更多潜在学员打下坚实的基础。

4. 发售期

发售期是整个运营策划中的关键时期，需要通过巧妙的推广和动作来正式推出回报课，促成交易，为服务期的顺利展开奠定基础。

（1）预热阶段。

利用多种媒体渠道，包括社交媒体、自媒体、专业论坛等，进行回报课的预热宣传。发布引人注目的预告片、宣传海报，制造期待感。

发起线上或线下的短时预热活动，如倒计时抢先购、专属内测等，让潜在学员提前感受到回报课的独特价值。

（2）推出回报课。

精心安排回报课的正式上线时间，以营造紧迫感，加快学员的购买决策速度。

通过网站、应用程序等渠道正式开售回报课，确保信息准确、清晰，并提供方便的购买流程。

（3）优惠和奖励。

设计吸引眼球的开售优惠，如限时折扣、首批购买者特价等，以激发学员的购买欲望。

设置购买奖励机制，比如赠送独家资料、专属讲义、与讲师的互动机会等，增强回报课的吸引力。

（4）线上线下同步。

创造线上线下同步的购买体验，提供多种购买途径，满足不同学员的购物习惯。

通过线上社交平台直播、线下发布会等形式，增强回报课的曝光度和影响力。

（5）媒体合作。

寻求媒体合作，争取相关行业专业媒体的报道和推广，提升回报课的知名度。

利用线上线下各种媒体资源，包括广告、新闻、推文等，进行全方位的发售期推广。

（6）购买流程优化。

关注学员的购买体验，确保购买流程简单顺畅，避免繁琐步骤影响用户的购买决策。

提供在线客服支持，及时解答学员疑问，确保其购买流程中的问题能够得到及时解决。

（7）社群动员。

利用学员社群，引导回报课的正式购买行为，鼓励学员分享购买经验，拉近社群成员之间的关系。

建立专属社群，为购买者提供更多的互动机会，增进学员的归属感和忠诚度。

通过以上策略，发售期将成为整个课程运营的高潮时期，成功地引导学员完成购买，为接下来的服务期提供了坚实的基础。

5. 服务期

服务期是整个课程运营的实质阶段，需要全面展现回报课的专业性、实用性，并通过高质量的内容和服务，达到提升学员满意度和学习成效的目标。

（1）开课仪式。

通过线上或线下的形式，举办课程开课仪式，拉开服务期的序幕。此时，老师可以介绍课程大纲、强调学习重点，为学员带来开学的仪式感。

(2) 学员体验优化。

注重学员体验,确保学员能够流畅地获取课程内容。检查课程平台的使用体验,确保学员能够方便地参与讨论、提交作业,提高学员的参与度。

提供在线技术支持,及时解决学员在学习过程中遇到的问题,保障学员的学习体验。

(3) 内容更新与优化。

持续更新课程内容,及时响应学员的反馈,确保课程内容与行业动态、学员需求保持同步。

通过定期的内容优化,提高课程的质量和实用性,确保学员能够获得最新、最有价值的知识。

(4) 互动和社群建设。

通过线上社交平台、专属社群等方式,促进学员之间的互动。可组织专题讨论、学员分享、问答环节等,增进学员之间的交流与合作。

引导学员积极参与社群活动,建设一个有温度、有深度的学习社群,提高学员的学习动力。

(5) 个性化指导。

针对学员的学习情况,提供个性化的学习指导。通过定期的学员反馈、作业评价,及时调整教学方向,确保每位学员都能够得到有针对性的帮助和引导。

设立线上答疑时间,为学员提供直接的交流机会,解答学员在学习过程中的疑问。

(6) 专题活动和实践机会。

定期组织专题活动，如在线讲座、行业分享等，为学员提供更多的学科拓展机会，增加学员的学习体验。

提供实践机会，引导学员将所学知识应用到实际工作中，加深对知识的理解，提高学员的实际操作能力。

(7) 服务反馈和改进。

定期收集学员的服务反馈，了解学员对课程的满意度、课程内容的难易程度等方面的意见。

根据学员反馈，及时改进服务，确保学员在服务期内能够得到最好的学习体验。

6. 复盘期

复盘期是整个课程运营的总结和反思阶段，通过对整个课程周期的回顾，总结实践经验，巩固优势，改善不足，为未来的课程运营做好充分准备。

(1) 学员反馈汇总。

收集学员对整个课程的反馈意见，包括对内容的满意度、教学方法的评价、服务体验等方面。通过学员反馈，了解课程的优势和改进的空间。

(2) 学习成果评估。

对学员的学习成果进行评估，分析学员在课程中的表现，包括作业完成情况、参与讨论的活跃度、学员之间的互动等。评估学员是否达到了课程设定的学习目标。

(3) 服务回顾与改进。

回顾整个服务期的运营情况，总结服务的亮点和不足之处。考虑学员的需求和期望，提出服务的改进方案，以提升后续课程的服务水平。

(4) 课程内容优化。

分析课程内容的实际效果，检视课程设计和实施中存在的问题，优化不够明显或需要调整的部分。确保下一期的课程能够更好地满足学员的需求。

(5) 社群建设总结。

总结社群活动的开展情况，分析学员参与社群的积极性和效果。思考社群建设中可以改进的地方，以提高学员在社群中的参与度。

(6) 营销策略效果评估。

评估整个营销策略的效果，包括唤醒期、裂变期、发售期的活动效果。分析不同营销手段的转化率，为未来的课程推广提供经验借鉴。

(7) 团队反馈和沟通。

听取团队成员对课程运营的反馈，包括教学团队、运营团队等。总结团队的工作亮点，解决团队合作中可能存在的问题，提高团队协同效率。

(8) 财务结算和收支分析。

对整个课程运营的财务情况进行结算，分析收入和支出的情况。通过财务数据，评估课程的盈利能力，为未来的财务计划提供参考。

（9）品牌效应与口碑分析。

分析课程运营对个人品牌的影响和口碑效应。通过学员的口碑传播情况，了解课程在市场中的声誉和影响力，为后续课程的品牌建设提供指导。

（10）未来课程规划。

在复盘期的基础上，规划未来课程的方向和目标。结合学员反馈、市场需求和行业趋势，制订下一期课程的运营计划，确保不断提升课程的质量和影响力。

通过细致的复盘工作，可以使整个课程运营形成良性循环，不断提高运营水平，为学员提供更优质的服务和学习体验。

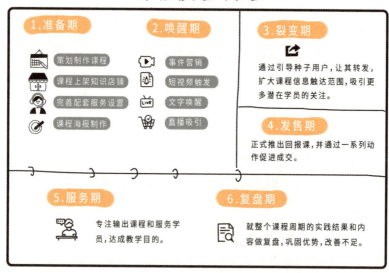

第 7 章
从读书人到作家,放大品牌阅读

太上有立德,其次有立功,其次有立言,虽久不废,此之谓不朽。——《左传·襄公·襄公二十四年》

7.1
从读书人到作家的华美跃迁

我从9岁模仿"三言二拍"写下人生第一篇小说开始种下成为作家的梦想种子,17岁时的作品被校刊采用,成为学校文学社编辑,20岁起上稿地市级和国家级纸媒,纸媒衰微后,前几年互联网读书写作兴起,便从0起步研究读书变现、新媒体写作,2020年我的第一篇万字网文签约,2021年在香港出了第一本书,开始做读书写作教学,边教学边自己坚持读写,带领万人社群写作书评书稿,发起帮助更多人实现从一般读书人到写作者、到作家的读书会,带领众多伙伴一起通过读书写作轻创业,为2000多名学员做一对一个人知识品牌定位规划和私教导师,受邀给企业做线下内训、线下读书会,到2023年加入孝感市作家协会,与华中科技大学出版社签订图书出版合同。

从梦想的种子到如今蓓蕾初绽,历时逾30年,不得不说既曲折又漫长。

我摸索多年,浪费了很多宝贵的时光,但也有让我觉得温暖的收获。一是在这条路上遇到了很多同行者,我能感受到他们与我一样的热切和落寞;二是有了一些个人成长起来的真实体验。我深知,成为作家是许多人心中的梦想。

作家的成长之路，是一条蕴藏智慧与坚持的道路。很多人内心深藏着文字梦想，但因为现实种种而放弃。

现在，请你来做一个测试。来看看，你是否有成为作家的梦想？未来，你能够成为作家吗？

好了，测试开始，请回答以下问题：

① 你是否常常想象自己能成为一位作家？

② 你是否尝试过写作？如果是，你更偏向于哪种类型的写作？

③ 你是否阅读过关于写作的书或者参与过写作课程？

④ 你通常在哪些时刻产生灵感？（看电影、读书、聆听音乐、散步、聊天、其他创造性活动等）

⑤ 你觉得什么阻碍了你走上作家之路？

⑥ 你是否愿意付出时间和精力来实现作家梦？

说出你的答案或者写下来。

对照你的答案，做一个自我分析。

你是否会发现，成为作家不是一件遥不可及的事情，而是一步一步、坚持不懈地努力的结果。也许你现在仅仅只是一个读者，但那些蕴藏的梦想和未曾付诸实践的决心，正是你华美跃迁的开始。

心理学家亚伯拉罕·马斯洛曾提出需求层次理论，这个理论表明人们有着不同层次的需求。

生理需求：例如食物、水、睡眠等基本生存需求。

安全需求：例如身体健康、经济安全、社交稳定等。

社交需求：人际关系的建立和维持，例如友情、家庭、团队归属感等。

尊重需求：例如自尊、成就、认可、地位等。

自我实现需求：追求个人潜能的实现和自我成长，例如艺术创造、个人发展等。

成为作家的梦想应该属于"自我实现需求"这一层次。虽然它处于需求层次的顶端，但历数那些伟大的作家，我们会发现，即使他们在其他需求得不到完全满足的情况下，依然有伟大的作品诞生。

回看测试中的第五个问题，你觉得什么阻碍了你走上作家之路？当你静下心来自我剖析，或许你能发现，那些阻碍并不是不可逾越的障碍，而是需要你付出更多努力和坚持的挑战。重要的是，成为作家这一愿景是不是你人生追求的重要方向。

从一个读书人跃迁为作家的旅程，每一步都是对自己梦想和才能的认可和挖掘。

你的每一个选择、每一次努力、每一次失败和重新站起，都是你成为作家的深刻足印。

希望不论经历怎样的人生，一切都是滋养独特的你以及你独特的作品的源泉。你的内心永葆最初的萌动，不放弃少年梦，挖掘自己的创造潜能，趁现在，开始这场华美的文字旅程吧！

7.2 确定写作方向,把热爱的事以文字流传

做自己,让爱成为通往人生繁盛之道。

过往的岁月里我做过很多事,但没有一件事能够让我感觉到它可以做一辈子,可以成就那个独特的我自己,可以让我整个的生命支棱起来,让我感受到正向循环、人生步步向上。

我在亦步亦趋中蹉跎了岁月。

我经历了实体创业失败的重创,被迫从激进用力的亢奋状态中冷却下来,在人生的至暗时刻,看尽人情冷暖后,反观自己,痛思过往,才一日清醒过一日,直到重新悟得天命之事,才有了对自己、他人和人生的些许了悟。

每个人都是独特的存在,都有独特的闪光点。而绝大多数人之所以"泯然众人",其原因是他没有找到自己的"热爱",深陷迷雾之中,没有做他自己。爱一件事,才有不断探寻、克服千难万阻的决心,才有持之以恒的韧性,才有不断前行的动力。

确定写作方向,就要找到这个"热爱"。

乔布斯有一句名言:人生中最重要的决定不是你做什么,而是你不做什么。

很多人的一生正是在似乎有很多事都能做、都喜欢之中被

消耗。

《礼记》中也说："知止而后有定，定而后能静，静而后能安，安而后能虑，虑而后能得。"

当我们能够穿越浮躁的迷雾，深入自己的内心时，就能够找到那条艰难但是正确的路。

确定写作方向，审视它是否能够让你保持长久的写作热情，持续地输出价值。

在专门针对我的"365天成为作家年度私教"学员的课程中，我设置了五问，让他们给自己定制一张个人商业画布。

（1）我是谁？（职业、身份，它可以作为直接定位的选择之一）

（2）我喜欢什么？（擅长什么，依靠它获得认可、赚过钱，能自发持续）

（3）我想做什么？（想拥有什么，在什么方面发展、提升、收获和成为什么样的人）

（4）我有什么资源？（人脉、物质、地位、信息差、渠道）

（5）我能交付什么？（我想帮到谁？我能帮到谁？我要付出什么？我能得到什么？我以什么形式交付？我能否持续输出、持续交付）

定位定江山，定位是开始个人价值积累和变现的第一步。

如果你也有热爱的事物，不妨拿起笔，开始你的写作之旅。下面举4个坚持写作之旅的案例，只要你持续输出，你也能够像他们一样。

(1) 普通老师利用业余写作的故事。

帆帆,一名资深的高中历史教师,在工作之余读书写作,她擅长用思维导图教人速读,喜欢用文字记录自己的动心之事,抒发自己的现实感悟。她把生活真挚地诉诸笔端,作品被很多报纸副刊采用。尽管她不是职业作家,但她的写作吸引了许多热爱生活的人,跟着她一起学习。

(2) 喜欢身心灵成长的女孩。

越越是一个刚刚从工作单位离职的女孩,做过公众号编辑,喜欢研究心理学,喜欢探索身心灵成长。每当她遭遇焦虑的情绪,陷入人生的迷茫状态,她都是通过自我疗愈调整状态、走出困境,当她把这些通过写作分享给那些需要的人,她获得了很多正面的反馈。她的文章充满了对人性的探讨,吸引了大量的关注身心灵成长的人。

(3) 专注亲子阅读的准妈妈。

佳丽是一个结婚没多久正在备孕的准妈妈。她开始接触亲子阅读便被深深吸引,她觉得现在阅读到的很多儿童绘本故事及家庭教育的书,会帮助未来她和孩子更好地互动。她用心记录下这生命中的感动时刻。她分享的亲子阅读的书和方法被许多妈妈和小朋友们所喜爱,为他们提供了宝贵的经验和感悟。她也因为他人提供价值而实现了自己的价值。

(4) 会计的微习惯践行之旅。

明明做着一份自己觉得比较枯燥费脑的会计工作,对她来说,那只是她人生中的一部分。她喜欢研究微习惯,在践行微习惯的三年里,她摆脱了拖延症,唤醒了天赋,开启了自己的高效人生之路。她的微习惯之旅不仅仅是关于习惯本身，更是关于追逐梦想和热爱的过程。正是因为明明选择分享她的体验，我们才有机会认识到微习惯对于塑造一个人的人生的价值有多大，了解到喜欢她的众多粉丝如何在她的帮助和引领下重塑生命，重新焕发对生活的热爱。

在这个多元化的时代，不论你从事什么职业，都有机会用文字记录和分享你的热爱。写作不仅仅是职业作家的专利，每一个人都可以成为作家，只要你有热情和文字要分享。所以，不要等待，拿起笔，做自己想做的事，开始你的写作之旅，把你的热爱传递给更多的人吧。

7.3
新媒体时代写作者需要持之以恒的3件事情

做读书会和读书社群，以及加入作家协会，让我有幸结识了很多写作爱好者。他们中间有些人令我印象比较深刻。

有的新人作者往往比较激进，对读书写作有激情，他们活跃于网络，希望轻而易举地寻得某种捷径，谋求成名得利而乐此不疲，对于阅读写作本身的专注大打折扣。而一些年纪较大的作者，往往跟不上网络时代的节奏，在个人能力精进和发展上受到局限。

新媒体的蓬勃发展为写作者提供了无限的机会，但与此同时，也带来了巨大的挑战。在这个信息爆炸、迭代迅速的时代，作为一个写作者，如何保持自己的核心竞争力并持续精进呢？这的确有难度，但是，当我们坚定了方向，不再是浮躁的心态和盲目的努力，那么每进一步便有进一步的欢喜。

1. 坚持读书写作，把它们当成生活的一部分

写作者想要成长起来，最重要的事，就是坚持读书写作。

在数字化的时代，信息一触即达，但真正的知识和智慧仍然需要沉淀和积累。读书提供了一个观察世界、扩大视野的窗口，而写作则是对所学知识的整理和反思。无论外界如何变化，持续不断地读书、写作都有利于稳固我们的基础，让我们形成独特的

观点和风格,帮助我们成为行稳致远、见解深刻的作家。

2. 学习运用新媒体,扩大个人品牌影响力

新媒体时代,传统的出版途径不再是唯一选择。社交媒体、文学网站、视频、音频等多种平台为写作者提供了展示自己的舞台。植根于这些新媒体阵地,不仅可以扩大自己的受众群,更可以建立和维护个人品牌。同时,与读者的实时互动也能为写作带来新的灵感和方向。但这需要我们不断地解锁新技能,适应新环境。

3. 提升个人修养,充分感知生活,做难却重要的事

一个成功的写作者不仅仅是文字工作者,更是一个深度的生活观察家。只有深入生活,才能在众多写作者中脱颖而出。提升个人修养,意味着更加敏锐地感知生活中的细节,捕捉那些常人容易忽视的美好。这需要我们跳出舒适区,去做那些可能难但对成长至关重要的事情。无论是深入体验不同的文化,挑战自己的极限,还是沉静下来反思生活的意义,这些都能为写作提供丰富的素材,带来深度的思考。

7.4
竞品阅读，找到成就畅销书的秘诀

第一步，选择正确的竞品。

在秋叶老师的写书私房课，所有的作者提交写书选题表之前，都需要做一项重要的工作——去图书网站畅销书榜寻找竞品，分析它们，确定对标竞品，学习模仿。

这里所谓的"竞品"，即市场上与你的书类似或竞争的图书。通过对竞品的阅读，你可以了解畅销书的特点、读者的喜好和当前的市场趋势。通过竞品阅读，可以帮助你找到成就畅销书的秘决。

我写作这本书提交选题表的阶段，也做过这项工作。

我把自己平常读书使用的两个App（当当和微信读书）搜索了个遍，键入关键词：阅读。然后在分类里找到和我的目标市场和目标读者相匹配的图书，继而通过查看阅读和评价数据找到相对更畅销的书。

选择近年来的畅销书作为参考，是因为它们能反映当前的市场趋势，帮助我们跳出自己的思维局限，站在比较客观的角度重新审视自己的书，避免"闭门造车"，为自己的书在诞生之初就注入畅销的因子。

第二步，分析内容。

因我想读得更宽泛一些，在"阅读"这个品类之下，当时选定了30本竞品书阅读，包括《如何阅读一本书》《如何有效阅读一本书》《如何有效阅读》《这样读书就够了》《输出式阅读法》《秋叶：如何高效读懂一本书》《高效阅读的秘密》《榨书》《如何共读一本书》《阅读力》《读懂一本书：樊登读书法》《超级快速阅读》《成为讲书人：阅读和表达的个人精进法》《洋葱阅读法》等。大量阅读同类型的书，能够让我的分析更全面。

分析畅销书的内容，可以从以下三个方面来进行。

（1）了解主题和角度：这本畅销书选择了什么样有价值的话题？作者如何处理这些话题？大纲怎样阐释主题？

（2）观察畅销书的结构和格式：它们如何划分章节？各个章节拟定了什么样凸显价值的标题？标题与标题之间、标题角度和主题之间是什么关系？每章的长度是多少？是否有引言或结尾？

（3）注意语言和风格：畅销书的语言是否简单易懂？是否运用了独特的表现方式以突出其风格？

第三步，分析设计和包装。

我们买书、读书时，最先看到的是书的外在。一本外在有"颜值"、散发着独特魅力的书，往往更能吸引我们，激发我们购买阅读的兴趣。

我们可以分析畅销书的装帧设计，汲取优点，运用于自己的书。

（1）分析封面设计：畅销书的封面设计有何特点？色彩、图片和标题的布局是如何吸引读者的？

（2）分析排版和版式：内页的设计是否易于阅读？字体、间距和布局如何？

这一切固然可以依赖于排版者和专业的装帧设计者，但是每个人的审美认知都会存在着某些局限性，多一些分析和参考，就多一点设计和包装的灵感和启发，这对于成就一本畅销书也是不容小觑的一步。

第四步，市场营销和宣传策略。

竞品中有的书销量相对更好，就尤其值得针对它做一番研究。

（1）观察畅销书的营销策略：它们如何在社交媒体上推广？是否有广告或公关活动？

（2）了解畅销书的作者：他们是否有大量的粉丝或读者基础？他们如何与读者互动？

当然，现在新上市图书的营销策略很多，我们可以跳出品类限制，从不同图书的营销方式中获取灵感和创意。

第五步，关注读者反馈。

（1）注意畅销书的评分和销售数据：这可以帮助你了解读者的喜好和购买意愿。

(2)阅读书评和读者反馈:读者喜欢什么?不喜欢什么?

关注竞品图书读者的反馈,甄选反馈中有价值的观点,对于我们写书非常有指导意义。

另外,在我们写书之初,一样也可以获得这样有益的反馈,比如前文所述,我针对将出的书,做了一个相关的调查问卷。收集目标群体的意见,这样的方式操作很简便,获取信息也非常直接。

第六步,总结和应用。

到这一步,基于你的观察和分析,总结出畅销书的共同特点和成功因素,就可以将它们应用在你的写作和出版计划中了。

竞品阅读

第一步:选择正确的竞品	第二步:分析内容	第三步:分析设计和包装
去图书网站畅销书榜寻找竞品、分析它们,确定对标竞品,学习模仿。	1.了解主题和角度。2.观察畅销书的结构和格式。3.注意语言和风格。	一本外在有"颜值"、散发着独特魅力的书,往往更能吸引我们。
第四步:市场营销和宣传策略	**第五步:关注读者反馈**	**第六步:总结和应用**
竞品中有的书销量相对更好,就尤其值得针对它做一番研究。	关注竞品图书读者的反馈,甄选反馈中有价值的观点,对于我们写书非常有指导意义。	基于你的观察和分析,总结出畅销书的共同特点和成功因素。

最后,要记住,虽然竞品阅读可以为你提供很多宝贵的经验,但真正的畅销书秘诀还包括原创性、独特的内容和风格、持续的努力和一点点运气。祝你成功!

7.5 个人出书的3项准备

前面我们通过竞品阅读，已经对自己要出版的书有了初步计划。但作为一个准作家，为了顺利出版一本书，你还需要确保3项准备工作到位。以下3项准备工作是我在出版本书的过程中的真实经历，分享给大家，希望能为准作家们提供一些启示。

1. 找准写作赛道

我之所以选择写阅读这个选题，与我的职业背景和经验有着密不可分的关系。因长时间从事读书社群的工作，我与众多读书写作爱好者有了深入的互动。我帮助他们学习阅读、写作，并指导他们如何打造个人品牌。正是在这样的日常工作中，我明确了我的写作赛道：专注于阅读写作这个方向。我认为，这不仅仅是对自己经验的梳理和总结，更是一个展示自己品牌优势、获得行业价值背书的途径。

那么，你的职业是什么？你有着怎样的专业背景？找到它们和市场有交集的点，就是一个好的赛道。

2.写好图书选题表

随着赛道的明确,我开始着手准备选题表。这不仅仅是一个简单的图书写作提纲,它涉及了从书名、书稿情况、预计交稿时间,到市场竞争品种、读者对象分析、作者情况、本书卖点分析、营销建议和配套资源等多个方面。在这个过程中,我如同在对自己进行一次深度反思和梳理,确保每一个方面都被考虑到,确保我的书能为读者带来真正的价值。

但这并不是一个轻松的过程。特别是在撰写全书的大纲时,我面临了巨大的挑战。如何在有限的篇幅中,将所有想要表达的核心思想清晰地呈现出来?如何确保整本书的逻辑感和价值感?为了完成这个任务,我不断修改和完善各章节的标题,前前后后,改稿达到了6次之多。

在公众号"丁玥读书"回复"选题表",获取"图书选题表"。

3.选择合适的出版社

选题表和样章完成后,我开始与出版社接触。初期的接触并不顺利,我多次向清华大学出版社、北京大学出版社和中国人民大学出版社投稿,都未得到积极的回应。尽管铁道出版社表示了合作意向,我出于对书的教育属性的考虑,仍然希望能与大学出版社合作。最终,华中科技大学出版社与我达成了合作共识。

我深知选择合适的出版社对书的成功出版至关重要。经过一系列研究，我了解了华中科技大学出版社的背景，包括它的历史、定位和成功案例。该出版社是教育部直属综合性重点大学出版社，在机械、电子信息、建筑、医学、人文社科、艺术、电子音像等领域出版了一大批聚焦前沿科技成果、弘扬中华传统文化的优秀出版物，具有非常高的声誉。它始终坚持为教学、科研服务，主张质量为根本，以创新谋发展。这些都比较契合我这本书的属性。

与华中科技大学出版社的合作过程也十分顺利。在确定合作意愿后，出版社专门为我安排了有着近十年专门品类出版经验的资深编辑饶静与我沟通出版计划，她的专业和热情使我们迅速确定了图书的出版方向和市场策略。在详细评估了合同中的各项条款后，我于2023年7月15日赴武汉与出版社完成了签约。

回首整个出版过程，我深感每一步的重要性，尤其是准备过程中，无论是对自己定位的明确，还是对图书内容的深入挖掘，或是与出版社的精准对接，都对本书的最终成功出版起到了决定性的作用。

7.6 10步精细化避坑操作写书流程，为出一本好书保驾护航

写书是一个复杂且需要耐心的过程，其中有很多常见的陷阱。作为一个过来人，我根据个人经验，整理了以下10步最具有代表性的精细化写书流程，里面包括了写作过程中需要注意的"避坑"建议，希望能帮助你顺利地出版一本好书。

（1）选题与定位：明确你要写的内容、目标读者是谁，以及你希望读者从书中得到什么。

避坑提示：避免选择过于宽泛或已被过度涉及的主题，确保你有独特的视角或深度。好的选题一定是个人定位与市场需求的交集点。

（2）进行市场调研：查找竞品，确定市场需求，避免太过主观。

避坑提示：不要假设你知道市场需要什么，而是要实际进行研究，了解目标读者的真实需求。

（3）制定详细大纲：梳理书的结构，从章到节，为你的写作提供清晰的框架。

避坑提示：不要忽视这一步。没有明确的大纲可能会导致你在写作过程中偏离主题或内容混乱。

（4）研究与收集资料：针对每一个章节，收集相关的资料、数据、案例等。确保引用的资料是准确和权威的，以增加书的可信度。

避坑提示：避免引用不准确或不可靠的资料，只使用权威和经过验证了来源的资料，对每个数据和信息进行双重检查。

（5）设置时间表：为每个章节设定完成的时间，确保你有一个明确且实际的写作计划。

避坑提示：避免设置不切实际的时间目标。给自己留一些灵活的时间以应对意外的延误。

（6）初稿创作：基于大纲开始写作。此阶段不必过于追求完美，重点是将思路和内容都写下来。

避坑提示：持续而高效地写作，不要等到"灵感来临"时再写，定期写作可以避免最后匆忙赶工。

（7）自我修订：周期性回顾和修订，直到完成初稿后，再从头到尾仔细阅读，对内容、结构和语言进行修改和优化。

避坑提示：不要一直写到最后才开始回顾，定期的修订可以确保内容质量和方向的一致性。如果某些部分并不增加价值或太过冗长，不要害怕大幅度地修改甚至删减它们。每次修改后都要确保章节间的流畅性和整体结构的一致性。

（8）收集反馈：让亲友或目标读者阅读你的稿件，或者找到信赖的伙伴或专业编辑，对你的稿子进行客观评审。他们可能会从不同的角度发现问题，并提供宝贵的反馈意见。

避坑提示：过于依赖自己的判断，会忽视了潜在的问题。提前了解并遵守出版社所有的格式规定，避免后期大量的调整工作。

收集第三方审稿的反馈意见,这一步可能需要反复进行,确保稿件的质量。选择信任并能提供有价值的反馈意见的人,而不是那些过分恭维你的人。

(9)专业校对与修改:就反馈意见修改完成后,找一位专业的编辑或校对对内容进行修订,确保没有语法错误和逻辑不连贯的地方。

避坑提示:选择有经验、了解你的写作领域的编辑,避免与那些可能会改变你原始意图的编辑合作。

(10)出版与宣传:选择一个适合的出版渠道,无论是传统出版,还是数字化出版。在书出版之后,制定宣传策略,确保目标读者能够知道并购买你的书。

避坑提示:了解传统出版和数字化出版的优缺点,选择最适合你和你的作品的方式。尽早制定营销和推广策略,并有计划地推进,避免因忽视市场推广,导致销量不佳。

遵循上述步骤并留意避坑提示,将为你的写作之旅保驾护航,确保你能够成功出版一本高质量的书。

7.7 写书执行,先完成再完美,效率更高

你是否有过这样的经历?

有一个好的创意闪过脑海,但是你可能马上要处理另外一件着急的事,可能是朋友等着你出门、丈夫要求你把他的衬衣熨好、老板临时给你安排了一份新差事、孩子哭闹了要抱抱,等等。总而言之,有无数可能的事情让你转移注意力。怎样才能有持续输出的好习惯,能够确保在合约规定的日子前交稿呢?

1. 秉持1个原则:尽快完成

写书由创意到文字,需要我们尽快行动。

一方面,这样会强化创意思维,大脑频频闪现的创意被捕捉、被文字化,这样一个过程会训练大脑生成更多的创意。

另一方面,也是最重要的,完成了从创意到文字的步骤,就是完成了又一次写作实践,离出书的目的又近了一步,而不是总停留在虚无缥缈的空想中。

2. 建立3种信念

(1)完成是完美的第一步,只有完成才有可能完美。

最完美的艺术作品，也并非一开始就完美，而是在不断的修改中臻于完美。

写书当然也一样。托尔斯泰是俄国伟大的文豪，其著名的代表作《战争与和平》一书据说前前后后修改了90多次。许多段落进行了多次的改写，文字也进行了反复的推敲和锤炼。保存下来的手稿有5000多页，草稿和异文共有1600余页。

把心中所想的文字写下来，把要表达的意思完整地表达出来，这只是第一步，但是完成这一步非常重要且关键。有了这个草稿，才有了可以不断打磨的具体内容。发现它的优点和不足，发扬优点，弥补不足，作品才可能趋向完美。

（2）没有任何一部作品是绝对完美的，完美状态只能无限接近，但不能确定到达。

中学时代读朱自清先生的散文，比如《匆匆》《背影》《荷塘月色》《春》等，都留给我深刻的印象。朱自清先生的散文一直被认为是白话美文的典范，常被教材选用，为培养文学青年提供了宝贵的范本。但即使是这样的作品，也不可能尽善尽美，被所有人喜欢。著名诗人余光中先生就曾经批评过朱自清"无论写诗或是散文，都很短暂，产量不丰，变化不多"。

大家之作也常被指摘，所以，我们当知追求作品的完美是不可能有穷尽的，而接近完美的方式，就是在一篇篇稿件里不断磨砺自己的技艺。

（3）接受每个时期的自己，若非要等到自己认为完美了再动笔，只会离想要的越来越远。

个体的成长是一个渐进的过程。不同的人生阶段，对世界、对人生、对自我关注的角度不一样，诠释方式也不一样。每个时期都有独特性。作为一个写作者，只要忠实地写作、真实地呈现，每个时期都会有每个时期不同的精彩。

湖北籍作家周芳老师在回到家乡汉川，给汉川一中的全体师生们做写作讲座时曾说，她早期的作品（散文为主）关注更多的是小我、自己的小情小爱。后来随着年龄与阅历的增长，加上写作能力的提升，她逐渐将视角打开，开始关注他人、社会，所以才有了更成熟、更有分量的两本非虚构文学作品《重症监护室》《在精神病院》的诞生。

即使是大家，回看自己的早期作品或者初稿，很多都会羞赧于那些不成熟的文字和思想。但是，正是完成这一件件不完满作品的历练，让写作更成熟。

只有先完成，才有可以打磨出宝贝的原石。

3.3个值得借鉴的小心机

怎样才能提升完成率呢？以下3个高效完成书稿的方法，大家不妨一试。

（1）设置最后时间节点，在节点前完成既定任务则奖励自己。

人类天生是有惰性的，强调自律只是因为更多的时候，我们无法做到自律。尤其是在还没有成为职业作家之前，写作者的状态基本上都是散漫的。

这时候，我们可以给自己设定最后时间节点。为了增强克服惰性的动力，还可以在按时完成后奖励自己。

学习必要的时间管理方式，慢慢就会养成习惯，形成比较规律的高效写作的好习惯。

（2）运用思维工具和快行文辅助工具。

工欲善其事，必先利其器。人类拥有的制造与使用工具的能力，把我们同低级生物区分开来。作为写作者，我们需要与时俱进，学会运用最新、最便利的辅助工具。

比如快速搭建主体结构的思维导图工具，可以依靠它快速完成以下步骤：

定选题、拟标题—搭结构—素材填空—开头引入—结尾互动

比如快速记录、检索素材的笔记工具，可以依靠它快速完成以下步骤：

找素材填充结构—找金句论证观点

比如语音输入工具，可以依靠它快速完成以下步骤：

快速输出文字—修改完成作品

另外，在当下，学会使用AI工具辅助创作，能够让写作事半功倍。

（3）精简其他事务，专注于写作。

人的注意力集中的时候，会更高效。反之，则效率低下。

事务多了，会产生畏难情绪，思维不集中，必定会影响每一件事完成的效率和效果。

快速完成任务的一个妙诀就是，只做当下最重要的事。对，就是当下你需要快速完成的这一本书、这一节书稿。

设置最后时间节点，巧用工具，关注当下，让你告别拖延，提升写作效率。

通过这种"先完成再完美"的策略，你可以在短时间内完成

写作，这不仅提高了效率，还有助于避免因追求完美而陷入写作困境。之后再接受反馈，进行深入的修订和完善，确保最终的作品质量上乘。

写书执行，先完成再完美，效率更高

7.8
图书营销，8步提升新书榜排名

图书营销像一场马拉松，每个环节都至关重要。遵循以下策略，你的新书必定能在市场上取得令人满意的成绩。

首先，从 预售活动 开始。在你的作品正式亮相前，让潜在读者就对它有所期待。你可以提供特殊优惠或赠品作为鼓励，或与其他相关品牌或作者合作，共同宣传。这种提前曝光不仅为你在发布时带来一波订单，更为你的书的首日销售起到推波助澜的作用。

然后，你需要让更多人知道你的作品，这时 媒体宣传 就派上了用场。想象一下，在发布前的某天，你接受了一家知名媒体的专访，分享着成书背后的故事，也可以为书带来一波展现流量和转化销量。

你的书已经上市了，那么 书评策略 就显得尤为关键。毕竟，正面的评价总是能吸引更多的读者。你可以向一些热门读书博主、网络达人和其他媒体发送样书，让他们为你的书提供评价和推广。你可以为留下评价的读者提供小礼品或优惠券，同时，积极地与评论区的读者互动，对他们的支持和建议表示感谢。

当下 社交媒体营销 已成为宣传的王道。你可以在各大平台分享与本书相关的趣事、幕后制作过程和读者反馈意见。鼓励读者使用特定标签分享他们的阅读体验,让更多人因此而对你的作品产生兴趣。

而线下活动,如签售会或讲座,能让你与读者面对面交流,加深彼此的情感连接。选择与图书主题相符的场地,或许还可以邀请一些特别嘉宾,共同为读者带来一个难忘的下午。

不要忘了书店,与他们的合作可以使你的作品在实体店得到更好的展示和推广。与书店沟通,保证你的书在店内有一个显眼的位置,同时,也可以考虑与他们合作举办一些活动。

最后,如果你有自己的粉丝群体,电子邮件营销会是一个不可或缺的方式。除了告知读者新书发布的消息,也可以组织社群共读,分享一些你在创作过程中的心得或趣事,增加读者黏性。

遵循这些策略,持续并有目的地进行新书营销,你将有可能在新书榜上获得一个不错的排名,从而吸引更多的读者。

8步提升新书榜排名

7.9 品牌运营，借势自媒体实现长期效应

作家出书后，如果希望长期与读者建立联系并扩大自己的品牌影响力，可以考虑通过自媒体进行持续的品牌运营。这样不仅可以延续图书的影响力，还可以实现长期与读者的互动，助力个人品牌更深入人心。以下是一些建议：

1. 建立个人品牌

确定自己的品牌定位、作品风格和核心价值。

多个自媒体平台基础建设三统一：昵称、简介、头像。

设计统一的品牌视觉元素，如标识（logo）、主题色等。

2. 创建个人网站或公众号

提供关于你的背景、作品列表和最新消息。

发布与你的书相关的内容，如文章、访谈和幕后故事。定期发送给你的订阅者，为他们提供有价值的内容。

3. 积极使用社交媒体

选择适合你的社交媒体平台，如微博、微信、抖音、小红书等。了解最新的自媒体和品牌运营趋势，不断优化你的策略。定

期发布与你的专业和兴趣相关的内容，与读者互动。倾听读者的反馈，了解他们的需求和期望，根据反馈进行调整。

4.开展线上线下活动

开展线上直播、线下读者见面会、工作坊等，增加与读者的互动，加强品牌忠诚度。

5.与其他作者或品牌合作

与其他作者或品牌共同创作、联合宣传、连麦直播等，可以扩大你的影响力，吸引更多的读者。

6.开设付费社群或会员服务

通过自媒体引流到私域社群，在私域为你的忠实读者提供更多的价值，如独家内容分享、早鸟优惠等。

7.10 左手阅读右手写作，一个读书人的终身成长

"左手阅读右手写作"是我的工作状态，同时，它也是我认为的一个读书人和作家的理想的生活状态。我在日常坚持阅读和写作，持续地吸收新知识的同时，不断地输出自己的思考和创意。这样的生活状态让我养成了我所定义的"作家体质"，让我实现了从读者到作家的蜕变，坚持读书写作，不知不觉已然变成了我热衷的生活方式。

晚间阅读与晨起写作：

为自己设定每晚的阅读时间或阅读量，晨起写作时间或写作量。这样，无论多忙，你都能保证一定的阅读写作时间。定时定量的阅读，广度与深度并重，坚持每周读完一本书，结合7天上稿实战训练营的阅读计划和输出日程，用输出的结果作为周期实践的节点，并形成习惯。

带领或参与读书会和写作团体：

组织读书会和写作团体，与同好交流，互相激励。这不仅可以增强你的学习和写作动力，还可以拓展你的人脉和视野。

定期复盘更新计划：

对于你读过的书、写过的文字，运营自媒体打造个人品牌的

情况和组织参与读书会的实践过程和结果，定期进行回顾和复盘，制订新的读书写作计划。

以人为师持续学习：

重视获得读者和同行的反馈。结识榜样，以人为师，学习新的阅读和写作方法，或者参加相关的课程和讲座，持续提高自己的能力和水平。

挑战自我持续创作：

在确定的赛道持续出书，另外除了图书，还可以考虑创作其他形式的内容，如音频、视频等。

可以设定一些阅读和写作的挑战，例如，一个月内阅读10本书，或者一年写作100篇上稿文章，或一年出版一本书。

左手阅读右手写作，这是我选择的生活方式，也是我的终身成长之路。因为在这条路上，我不断地吸收、不断地输出、不断地完善自己。这种成长，不是外在的，更多关乎内心深处。它让我变得更加成熟、更加深刻、更加包容。

在这条路上，我相信，有更美好的风景值得去追求、去体验。

左手阅读右手写作，我希望这也能成为你的一种生活方式，成为你对于生命的一种态度。在这样的生活中，你不断地吸纳、输出、成长，每一天都是一个全新的自己。

不论你在哪里，不论你是谁，只要你愿意，都可以找到自己的这条道路。在这条道路上，每一处风景、每一次成长，都是值得珍藏的。

最后，期待我们一起读书写作，一起向上生活，用生命影响生命！